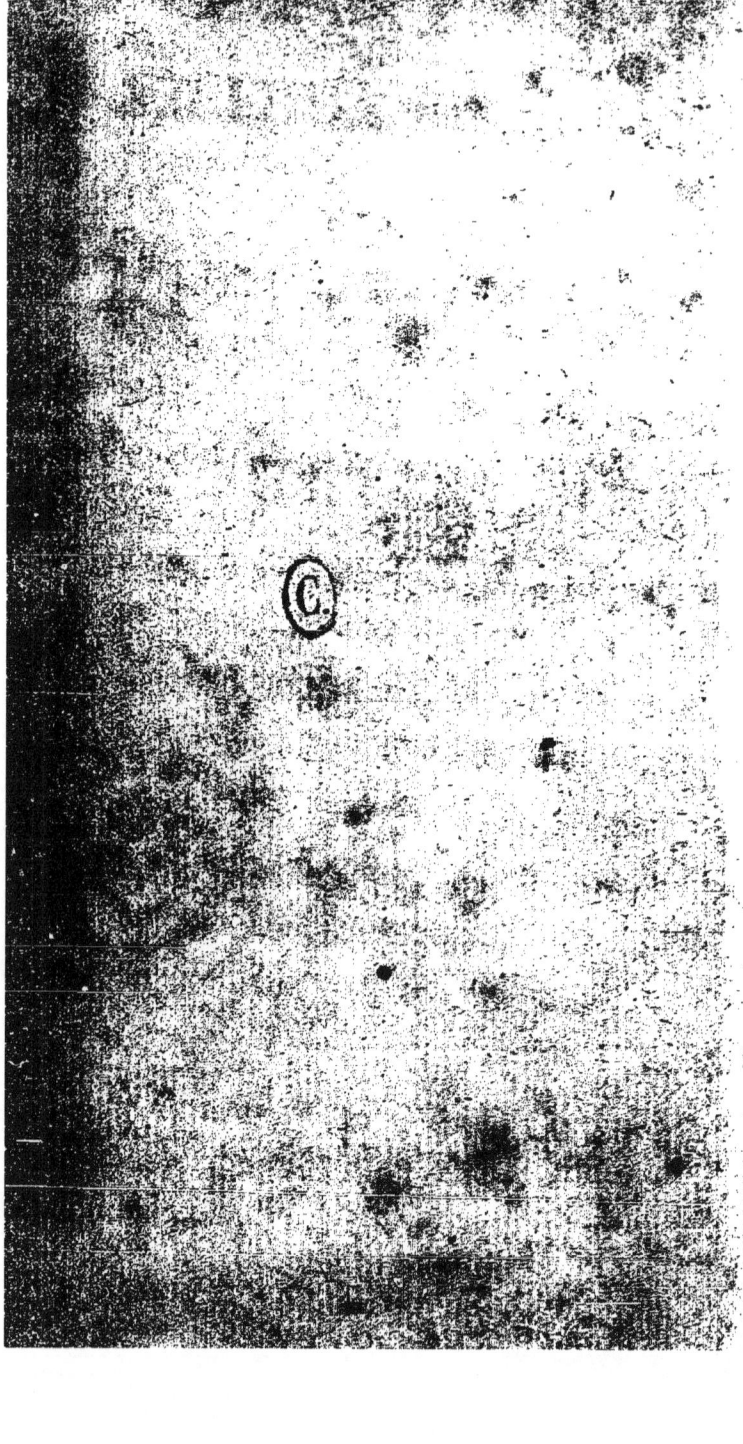

VOYAGE
DU SIEUR LUILLIER
AUX
GRANDES INDES,
AVEC
UNE INSTRUCTION
POUR LE COMMERCE
DES INDES ORIENTALES.

A PARIS,
Chez CLAUDE CELLIER, ruë S.
Jacques, à la Toison d'or.
M. D. CCV.
AVEC PRIVILEGE DU ROY.

PREFACE.

CE n'est point l'envie d'écrire qui m'a porté à donner au Public ce petit Ouvrage que j'ay l'honneur de luy presenter: mais c'est le seul desir de satisfaire la curiosité des personnes qui aiment à entendre parler des païs éloignez: ce penchant est assez commun, & les plus beaux esprits s'y laissent même plus facilement entraîner: car il est certain que rien ne délasse mieux l'esprit, & ne le reveille davantage, que de le mettre sur une matiere curieuse dont il n'a aucune connoissance ou du moins que tres-legere. Le plaisir qu'il goûte à apprendre des

PREFACE.

choses qu'il ignoroit, l'anime de plus en plus & l'engage insensiblement à découvrir tout ce qu'il y a de particulier dans un Livre. Je sçay que plusieurs personnes ont donné des Relations de Voyages, & j'en ay lû de differens Auteurs, mais j'ay trouvé dans les uns & dans les autres, tant de contrarieté, que j'ay crû devoir faire au public le petit present que je luy donne. Un Auteur doit estre sincere, clair & net, sur tout dans les Histoires, & dans les Voyages, & c'est par-là qu'il doit attirer la confiance du Lecteur : aussi je me suis uniquement attaché à suivre ces maximes, & par-là je me suis flatté qu'un chacun voudroit bien m'accorder sa confiance. Lors que je me suis proposé de

PREFACE.

donner au public ce petit Ouvrage, j'ay tâché autant qu'il m'a esté possible d'éviter l'obscurité, & je n'ay seulement pensé qu'à satisfaire le plus grand nombre de personnes, sçachant qu'il est inutile de s'arrêter à vouloir contenter de certains esprits qui ne s'attachent ordinairement qu'aux paroles, méprisans mesme souvent ce qu'ils comprennent facilement. J'ai donc mieux aimé embrasser le parti de ceux qui lisent pour apprendre en se délassant l'esprit, que celuy de ceux qui lisent seulement pour s'amuser; & comme les personnes d'un esprit bien-fait n'ignorent pas qu'il est tres-difficile de contenter tout le monde, j'espere qu'ils auront la bonté de m'approuver de ce que je ne me suis

PREFACE.

attaché qu'au solide. A la fin du Voyage on trouvera ce qui peut avoir esté le sujet d'une si grande entreprise, & quelle a esté la fin que je me suis proposée en offrant au public ce petit Ouvrage. Je ne me suis pas contenté de donner une simple Relation de mon Voyage, j'y ay ajoûté une Instruction pour le Commerce qui se fait dans les Indes, dont personne jusqu'à present n'a encore parlé; j'espere que le Lecteur en sera content; & afin de faciliter à un chacun la lecture de ce Livre, j'ay joint à la fin de cet Ouvrage deux Tables des matieres. La premiere est celle du Voyage, & la seconde est de l'Instruction du Commerce des Indes Orientales. Enfin j'ay tâché de ne rien oublier pour faire connaî-

PREFACE.

tre mon zele & le desir que j'ay de donner au Public des preuves de mon affection, & si je suis assez heureux pour qu'elles soient bien reçûës, je tâcheray de luy donner dans quelque temps un autre Ouvrage, en reconnoissance des bontez qu'il aura bien voulu avoir pour moy.

APPROBATION.

J'Ay lû par ordre de Monseigneur le Chancelier le Livre intitulé, *Le Voyage du sieur Luillier dans les grandes Indes*, & je n'y ay rien trouvé qui en doive empêcher l'impression. A Paris le 3. May 1704.

DE L'ISLE.

PRIVILEGE DU ROY.

LOUIS PAR LA GRACE DE DIEU, ROY DE FRANCE ET DE NAVARRE. A nos amez & feaux Conseillers, les Gens tenans nos Cours de Parlement, Maîtres des Requêtes ordinaires de notre Hôtel, Grand Conseil, Prevôt de Paris, Baillifs, Seneschaux, leurs Lieutenans Civils & autres nos Justiciers qu'il appartiendra. Salut, LE SIEUR LUILLIER LAGAUDIERS, Nous ayant fait supplier de luy accorder nos Lettres de permission pour l'impression *de la Relation d'un Voyage qu'il a fait dans les grandes Indes Orientales en l'année* 1702. Nous luy avons permis & permettons par ces Presentes de faire imprimer ladite Relation en telle forme, marges, caracteres & autant de fois que bon lui semblera, & de le faire vendre par tout notre Royaume pendant le temps de quatre années consecutives, à compter du jour de la date desdites Presentes; A la charge quelles feront enregistrées tout au long sur le Regiftre de la Communauté des Imprimeurs & Libraires de Paris, & ce dans trois mois de la datte d'icelles; que l'impreffion de ladite Relation fera faite dans notre Royaume & non ailleurs, & ce en bon Papier, en beaux Caracteres, conformement aux Reglemens de la Librairie, & qu'avant de l'expofer en vente il en fera mis deux Exemplaires dans notre Biblioteque publique, un dans celle de notre Château du Louvre, & un dans celle de notre tres-cher & feal Chevalier, Chancelier de France le Sieur PHELYPEAUX, Comte de Pontchartrain, Commandeur de nos Ordres, à peine de nullité des prefentes. Du contenu defquelles vous Mandons & enjoignons de faire joüir l'Expofant ou ceux qui auront droit de lui, pleinement & paifiblement, fans fouffrir qu'il leur foit fait aucun trouble ou empefchement,

Voulons qu'à la copie desdites Presentes qui sera imprimée au commencement ou à la fin de ladite Relation, foi soit ajoûtée comme à l'original. COMMANDONS au premier notre Huissier ou Sergent de faire pour l'execution d'icelles tous actes requis & nécessaires, sans autre permission, & nonobstant clameur de Haro, Chartre Normande & Lettres à ce contraires. CAR TEL EST NOTRE PLAISIR Donné à Versailles le treiziéme jour de Juillet l'an de Grace mil sept cens quatre, & de notre Regne le soixante & deuxiéme. Par le Roy en son Conseil, LE COMTE.

Registré sur le Livre de la Communauté des Imprimeurs & Libraires de Paris, page 360. N. 255. conformement à l'Arrest du 13. Aoust 1703. A Paris ce 21. Aoust 1704.

P. A. LE MERCIER, Adjoint.

VOYAGE
DU
SIEUR LUILLIER
DANS LES
GRANDES INDES
ORIENTALES.

LE plaisir qui remplit le mieux l'esprit, est celuy du voyage: tous les hommes sont naturellement curieux, ils aiment à découvrir les choses qu'ils ignoroient, & comme l'on ne peut bien sçavoir ce qui se passe dans les Païs Etrangers, qu'en voyant de ses propres yeux ce que l'on n'apprend qu'imparfaitement dans les Relations, c'est cette curiosité qui anime un voyageur & qui le recompense des peines qu'il se donne pour la satisfaire.

Cependant soit par prévention pour les beautez de ma Patrie, soit par les amusemens dont je m'y occupois tous les jours, l'inclination pour le voyage & principalement pour ceux de long-cours, ne m'avoit point encore pris, lors qu'au mois d'Octobre 1701. je me vis insensiblement engagé à l'entreprise de celui des Indes Orientales, par la proposition que m'en fit une de mes proches parentes, qui se disposoit à le faire pour se rendre auprés de Monsieur son pere qui étoit mon oncle, & qui l'avoit destinée à Monsieur du Livier presentement Directeur pour la Royale Compagnie de France.

J'avouë que j'hesitai long-tems à me déterminer sur un projet de cette conséquence ; mais comme pour s'ennuyer moins dans le cours d'un si long voyage, ma cousine desiroit y estre accompagnée de quelque personne qu'elle connût, elle me pressa d'une maniere si vive & si insinuante, que ma complaisance naturelle ne pût à la fin lui refuser ce qu'elle exigeoit de moi.

Je dois aussi avoüer qu'une de ses amies qui faisoit avec elle le voyage dans la même veuë, d'être aussi mariée dans les Indes avec une autre personne qui y étoit employée, ne contribua pas peu à me déterminer. C'étoit une fille tres-aimable & qui joignoit à beaucoup d'esprit une beauté engageante, & des attraits qui meritoient qu'on y fît attention : ainsi je me fis bien-tôt un vray plaisir de ce que j'avois long-temps regardé ou comme une peine ou avec une tres-grande indifference.

Je resolus donc mon départ & préparai toutes les choses qui m'étoient necessaires, quoique j'y trouvasse de grands obstacles dans ma famille.

Messieurs de la Compagnie m'accorderent mon passage, & aprés avoir pris congé de tous ceux dont nous nous séparions avec regret, nous partîmes le Dimanche 15. Janvier à onze heures du matin.

Nous nous embarquâmes ma cousine & moi avec sa fille de Chambre, dans un petit Bâteau pour baisser la Loire, M. Bouault & un Religieux Feüillant qui me parut fort honnête homme nous y demanderent place, & nous les reçûmes avec plaisir, ils remplirent parfaitement celui que nous attendions de leur entretien, & insensiblement nous arrivâmes à Saumur sur les 6. heures du soir, & ne pûmes en partir que le lendemain à 2. heures aprés midy.

dans les Indes Orientales. 5

Nous arrivâmes à Nantes le Jeudy au soir 19. & logeâmes chez Monsieur & Mademoiselle Midy. Le 23. nous en partîmes pour nous rendre à Port-Loüis, & nous y arrivâmes le 27.

En passant par Vannes nous fûmes tres-bien regalez chez Mr l'Abbé Verdois, ami de Mrs de Fossecaves cousins germains de Mr du Livier, l'un desquels nous accompagna jusqu'à Port-Loüis.

En y arrivant nous descendîmes chez Mr Houssaye Capitaine Commandant pour la Royalle Compagnie. La contrarieté du vent nous obligea d'y rester cinq semaines, le 28. j'allay à Hennebon pour retirer du Messager nos bagages, je les avois fait mettre à l'adresse du Directeur de la Compagnie, mais l'on ne voulut me rien délivrer qu'avec un ordre de sa part ; c'est ce qui m'obligea d'aller à l'Orient, où j'arrivai sur

A iij

les 6. heures du soir, & aprés m'être informé de sa demeure j'entrai chez lui, je fus surpris de m'y trouver sans lumiere; mais je le fus encore davantage de la reception peu agreable qu'il me fit.

On sçait assez ce que c'est que Hennebon, Port-Loüis & l'Orient, ils font un triangle aigu. Hennebon est une Ville un peu marchande, où il y a Siege Royal duquel dépendent les deux autres; Port-Loüis est un lieu qu'on honore du nom de Ville depuis quelques années; les Officiers de la Marine y font leur demeure, & l'Orient est un endroit où Sa Majesté fait des armemens, & où la Compagnie fait les siens, on le met aussi au nombre des Villes.

Pendant notre séjour je me divertis plusieurs fois à pêcher des huîtres dans la rade appellée *Permaneque*, qui sont tres-belles & tres-bonnes. On y pêche aussi en May,

Juin & Juillet une grande quantité de Sardines dont les Habitans du Port-Loüis font commerce; la meilleure pêche se fait le matin par un temps calme & couvert: & pour les apaster on se sert de rogue, qui sont des œufs de morüe qu'on apporte de Terre-Neuve.

Enfin le 4. Mars le vent s'étant rendu Nord Nord-est, l'on tira dés le grand matin le coup de partance, & à midy le Pilote Gauthier vint à bord pour nous mettre dehors. Sur les trois heures du soir on fit la reveuë de l'équipage, & dés mi-flot nous commençâmes à appareiller; sur les cinq heures nous passâmes pardevant le Fort du Port-Loüis, que nous saluâmes de 7. coups de Canon ausquels il répondit de 5. Nous quittâmes sur les 6. heures le Pilotte Gauthier, & nous nous mîmes à la voile & en pleine mer, étant de Compagnie avec l'Estoile d'Orient commandée par Mr du Verger ; le nôtre s'appelloit le S. Loüis commandé par Mr Houssaye, qui est un tres-honnête homme & auquel j'ay de l'obligation.

Pendant les huit premiers jours, nous payâmes ma cousine & moy le tribut qu'exige ordinairement la mer : c'étoit une manœuvre à laquelle je n'étois point accoûtumé ; car ce tribut est de faire corps neuf, c'est-à-dire, qu'on rend tout ce qu'on prend. Le roullis & le tangage incommodent beaucoup, lors qu'on veut marcher pour dissiper un peu les maux de cœur : & pendant toutes ces revolutions on ne seroit pas fâché d'être à terre, mais quand la planche est tirée il faut rester, on ne peut plus s'en dédire, & le meilleur remede c'est de prendre patience. Car de se plaindre, c'est s'exposer à la risée des Matelots qui sont d'une trempe à ne s'en pas beaucoup embarasser, sçachans que le mal n'est pas mortel, & qu'un peu d'habitude en guerit.

Le vent nous ayant esté toûjours favorable, le 13. du même mois nous vîmes à la pointe du jour *Porto Santo*, & à trois heures aprés midy nous découvrîmes l'Isle de Madére tres-abondante en tout ce qu'on peut souhaitter pour l'utilité & pour le plaisir de la vie humaine : on y recüeille de tresbons vins qui ne different de celuy d'Espagne, qu'en ce qu'ils ont beaucoup plus de force.

Le 15. nous passâmes par la hauteur de Palme, & par celle de l'Isle Canarie, & le 16. par celle de Gomere. On cüeille dans Palme & dans les autres Isles de pareils vins qu'à Madére.

Ce jour-là nous vîmes deux Vaisseaux qui faisoient le Nord-Oüest, & sur les deux heures aprés midy, nous apperçûmes le Pic appellé de Teneriffe; il est d'une hauteur si prodigieuse, qu'on peut le découvrir de 35. lieuës. On trouve au haut de cette montagne presque toûjours de la neige: toutes ces Isles appartiennent au Roy d'Espagne. Comme nous étions entre deux terres nôtre Vaisseau roulla beaucoup, depuis le 14. jusqu'au 18. que nous eûmes bon vent largue dont nous ne fûmes pas fâchez: car nous avions esté jusques-là tres-incommodez.

Le 2. Avril ayant toûjours le même vent, nous passâmes la ligne. Il se fait là une ceremonie superstitieuse appellée Baptême; on dit que ce sont les Hollandois qui l'ont établie, & nos Capitaines la maintiennent les uns pour le petit profit qu'ils en tirent, & les autres pour leur plaisir seulement. Je dirai en passant qu'on ne peut rien imputer à Mr Houssaye de ce qui se passa sur nôtre Vais-

dans les Indes Orientales. 11

seau, car je sçai l'entretien que j'ay eu avec luy sur ce sujet. Tout l'équipage se déguise en figures les plus grotesques que le lieu luy peut permettre, en cette belle parure, il fait trois tours du Vaisseau en façon de charivary, ensuite le Capitaine ou le premier Pilote fait apporter les Cartes Marines sur le gaillard de derriere; on emplit une baille d'eau qui est ordinairement la moitié d'un toneau coupé, & au travers de cette baille l'on met un bâton; toutes les personnes les plus distinguées, & qui n'ont point encore passé la ligne, vont s'asseoir tour à tour sur ce bâton; on fait jurer sur la Carte Marine, aux hommes de ne point permettre qu'aucun passe la ligne sans subir ce prétendu Baptême, & de ne débaucher la femme d'aucun Matelot, & aux femmes de garder une éternelle fidelité à leurs maris, & enfin après avoir exigé quelque petit présent en argent, selon le rang & le pouvoir de la personne, on verse de l'eau odoriferante ou de l'eau pure dans la manche de la chemise du bras gauche, & quand la personne a fait un présent selon le gré de ceux qui l'exigent, l'équipage qui entoure le gaillard, & qui est présent pendant toute cette belle cérémonie, en fait un tour en charivary pour remerciment.

Les Matelots, Soldats & Mousses sont baptisez sur le pont : on emplit une baille d'eau avec quelques tonneaux, & au lieu de leur verser de l'eau dans la manche du bras gauche, on leur en jette une chopine sur la tête, & on leur fait à chacun une marque au visage avec du noir de fumée, délayée dans de l'huille; & s'ils ne veulent rien donner, on tire le bâton de dessus la baille, on les noircit par tout le visage, & on leur jette sur le corps une quarantaine de sceaux d'eau, tellement qu'ils sortent de l'endroit où se fait la ceremonie, faits comme des diables qui viennent du pillage : je laisse à penser les éclats de rire que fait alors l'équipage.

Quand tout cette agreable ceremonie est achevée, tous jusqu'aux Officiers Majors se jettent des sceaux d'eau les uns aux autres : pour moy qui les voyois assez bien disposez à me faire valoir l'épargne qu'on m'avoit faite, & ne pouvant supporter une telle manie dans des Officiers qui doivent être sages & prudens, j'allay rendre visite à une Demoiselle qui passoit sur le même Vaisseau pour aller épouser un Officier de la Compagnie au Comptoir d'Ougly, avec laquelle je trouvai ma cousine : elle nous regalla d'une collation qui valoit beaucoup mieux que les sceaux d'eau, & que les inconveniens qui peuvent arriver, comme en effet il arriva que le Chirugien Major fut blessé à la tête & à la jambe.

On voit dans ces mers-là, des baleines qui ne sont pas si grosses que celles des Païs Septentrionnaux ; des soufleurs qui sont de tres-gros poissons, lesquels jettent de l'eau en l'air en façon d'une rosée, à peu prés comme en jette la baleine ; des tons qui sont des poissons assez connus & assez communs en France, des bonites qui sont des poissons qui n'ont pas le corps si gros que celuy des tons, mais dont la chair est meilleure : des requins qui sont des poissons voraces, & c'est à proprement parler ce qu'on appelle loups marins ; cependant on en voit au Cap de bonne Esperance, qui ont une forme bien différente ; lesquels on appelle aussi loups marins : ce poisson ne vaut rien à manger, parce qu'on prétend qu'il donne la dissenterie, il est même fort à craindre : car si-tôt qu'il voit tomber quelque chose dans la mer, soit homme ou autres choses, il s'élance & se jette dessus pour l'attraper & le devorer.

Dans le précedent voyage, il arriva que le Serrurier du Vaisseau étant mort, on l'ensevelit dans une toile de voile à la maniere accoûtumée, & qu'aprés qu'on eût fait les Prieres pour le repos de son ame, on le jetta dans la mer; le lendemain on prit un de ces poissons, dans le corps duquel on trouva le cadavre tout entier & dans son envelope; on voit aussi des poissons qu'on appelle marsoüins, qui sont gros & bons à manger, ils ont la tête d'un pourceau, du lard entre la peau & la chair, & c'est ce qu'on appelle pourceau de mer ; des poissons volans qui ont la forme, & qui sont gros comme un harang;

ce sont les meilleurs poissons dont j'aye jamais mangé, ils volent par bandes comme font les étourneaux, & ne s'élevent jamais de la mer plus de deux à trois toises, ils volent toûjours en ligne droite, & quand ils sont poursuivis par les bonites, ils volent jusqu'à ce que leurs aîles soient seches ; mais lors qu'en volant ils tombent sur un lieu sec, ils n'ont pas plus de mouvement qu'un autre poisson : cependant à les voir voler, on croiroit que ce seroit des oiseaux ; ils n'ont cependant aucune plume, leurs nageoires qui leur servent d'aîles ont trois pouces de longueur sur deux de largeur, & leurs queuës quatre pouces sur deux & demi.

On voit aussi une grande quantité d'oiseaux appellez Damiers, parce qu'en volant il paroît sur leur plumage une façon de damier ; pendant le calme nous eûmes

mes le plaisir d'en prendre à la ligne, & de leur jetter à manger, ils sont gros en plumes comme un canard, en chair comme un gros pigeon, ils en ont le bec, & leurs pieds sont semblables à ceux des poulles d'eau: on trouve encore de tres-gros oiseaux qu'on appelle aigles de mer, lesquels ont entre les deux extrêmitez de leurs aîles six pieds, des alcions qui sont d'une couleur d'ardoise & gros comme des merles, c'est ordinairement par un gros vent qu'on en voit beaucoup; on voit encore des oiseaux appellez fous, parce que quand ils viennent se percher sur quelque endroit d'un Vaisseau, ils se laissent prendre facilement; ces oiseaux sont blancs & gros comme des chapons.

Nous continuâmes toûjours nôtre route avec un vent favorable, & le 17. May nous sondâmes sur le banc des aiguilles à 10. heures du matin; le 18. à la même heure nous fîmes pareille fonde, dans les deux fois nous trouvâmes 90. brasses. Ce banc est prés du Cap de bonne Esperance par les 36. degrez Sud, il peut avoir de longueur 80. lieuës ou quelque peu davantage.

On pêche sur ce banc des moruës & plusieurs autres poissons, on trouve dans ces parages des poissons qu'on appelle diables. Ils ont, comme j'ai déja dit, & comme on aura pû remarquer, une forme ronde & une corne à la tête, on en trouve de tres-grands, & c'est de cette corne qu'ils tirent leur nom, jusqu'à 300. lieuës en pleine mer ; on voit des oiseaux qu'on ne voit que dans ces mers, qu'on appelle pour cet effet oiseaux du Cap.

Ce Cap est un endroit difficile à passer ; les coups de vent y regnent fréquemment à cause du contour de la mer qui tourne à

dans les Indes Orientales. 19
cette extrêmité de la terre, & il
s'y perd si souvent des Vaisseaux,
que quand on l'a doublé, on chante le *Te Deum* en action de graces; c'est un lieu occupé par les
Hollandois, qui non-seulement y
font le même commerce que nous,
mais possedant dans les Indes presque toutes les épiceries, ils font
de ce Cap leur entrepos, qui est
une grande commodité pour les
Vaisseaux qu'ils envoyent aux Indes. On y recüeille du vin qui est
assez bon; & comme ce Païs est entierement opposé à nôtre hémis-
phere, les saisons y sont toutes contraires aux nôtres, le Soleil y a son
exaltation dans la partie du Sud,
comme ici c'est dans la partie du
Nord. La recolte du vins s'y fait au
mois de May. On y cüeille une
bonne partie de ce qu'on cüeille
en Europe, comme bled, abricots,
coings, & autres fruits semblables:
l'air y est assez temperé & la terre

B ij

assez fertile. Le Peuple de ce Païs qu'on appelle Hotantos, approche plus de la bête que de l'homme, ils adorent le Soleil, au levé duquel ils se prosternent tous, & croyent qu'ils ne reçoivent que de lui la vie & la lumiere.

Leur manger ne differe point de celuy des bêtes. Comme ce Païs est situé dans la Zone temperée, il y fait froid dans la saison; mais pour s'en garentir ils se couvrent de peaux de mouton souvent à demi pouries & puantes, c'est une chose digne de compassion de voir ces pauvres malheureux : car enfin ce sont des hommes, & si nous faisions une serieuse reflexion là-dessus, nous connoîtrions encore davantage les obligations que nous avons à Dieu des continuelles bontez qu'il a pour nous.

On a esté long-temps sans pouvoir comprendre leur langage, & il leur est presque impossible de comprendre le nôtre : de sorte qu'on ne leur fait encore entendre ce que l'on veut, que par signes ; les moutons y sont tres-gros, & ont une laine qui est longue & une queuë qui pese jusqu'à huit livres, la chair en est bonne ainsi que celles des bœufs qu'on y trouve en quantité.

Le 20. du même mois nous doublâmes le Cap, sur ces Côtes il y a quantité de bœufs, vaches & veaux marins & plusieurs animaux de diverses especes, à deux lieuës de ce Cap est l'Isle Robin, où les Hollandois envoyent en exil tous ceux dont ils sont mécontens.

Le lendemain 21. nous chantâmes le *Te Deum* aprés la Messe, pour remercier Dieu de la grace qu'il nous avoit faite de nous avoir preservez de tous les coups de vent & des perils ordinaires à ceux qui doublent cette pointe, & c'est à ce Cap que commencent les mers Indiennes. Le 22. nous prîmes une Dorade qui est un poisson tres-bon & d'une beauté à faire plaisir; on dit que c'est ce que nous appellons en France un Dauphin, mais ce poisson n'est pas si gros qu'on dépeint le Dauphin: je me suis informé de plusieurs voyageurs s'ils avoient vû de ces Dauphins; tous m'ont dit que non, & qu'il faloit que ce fût la Dorade: en effet ce poisson ne differe du Dauphin qu'en grandeur.

Le vent continuant de nous être bon le 2. de Juin, nous vîmes à 6. heures du matin Madagascar; cette Isle est tres-belle & tres-fertile en ris, & selon la description qu'on m'en a faite, on pourroit y recüeillir du bled: on prétend même qu'il y a des mines d'argent. On y trouve divers fruits des Indes: les gens de cette Isle n'ont point d'autre Religion que de reconnoître seulement un premier être: elle peut avoir 500. lieuës de circuit ; il y a plusieurs Souverains, & les Seigneurs tiennent comme esclaves leurs sujets : autrois elle nous a servi d'entrepos pour aller aux Indes, nous y avions une Place appellée le Fort Dauphin, que nous avons perduë par la mauvaise conduite d'un Directeur qu'on y avoit envoyé.

L'interest que dois prendre en ce qui regarde Messieurs de la Compagnie, en reconnoissance de leurs honnêtetez, me fit veritablement regretter cette place: & je ne pus m'empêcher de dire alors que c'étoit une belle leçon pour apprendre à choisir des Directeurs : car une direction n'est pas ce que l'on pense, la sagesse, la prudence & la valeur y sont requises ; il faut sçavoir mettre en usage bien à propos, la severité, la douceur & la familiarité, mais principalement dans un commencement d'établissement, dans lequel un Directeur a sur tout besoin de sçavoir manier les esprits; & pour y bien réussir il faut beaucoup de flegme, sans quoy difficilement on peut réussir. Le 3. nous fûmes obligez de serrer plusieurs fois toutes nos voiles à cause des pompeux, autrement apellez pichauds; c'est une petite nuë qui descend dans la mer en forme de trompe, & qui enleve de l'eau de la grosseur d'une maison, tellement qu'en peu de temps l'air se trouve tout rempli de grosses nuës. C'est de là selon que j'en puis juger, que viennent principalement ces grandes innondations, & non pas comme prétendent quelques Phisiciens, des seules vapeurs & exhalaisons enlevées par une vertu attractive du Soleil, que je conviens neanmoins y devoir coopérer.

Chacun sçait que l'eau de la mer est

dans les Indes Orientales.

est salée, & ainsi cette eau enlevée la devroit être ; mais à mesure qu'elle s'éleve, il s'en fait une division, le poids du sel fait retomber, & la legereté de la vapeur aqueuse la fait monter ; ensorte que si-tôt qu'elle est dans la moyenne region, elle se trouve douce & purifiée de tout son sel. Il est tres-dangereux pour un Vaisseau de se trouver avec toutes ses voiles sous ces pichauds : car elles sont brisées, & le Vaisseau court risque d'être renversé : c'est pourquoi on a soin de serrer toutes les voiles si-tôt qu'on en apperçoit : le temps où ils sont le plus à craindre & les plus frequens, c'est depuis 10. heures du matin jusqu'à 3. heures après midy, la raison en est facile à concevoir, & il ne faut qu'un peu de Phisique, pour sçavoir que plus l'air est chaud, plus il cause de rarefaction dans l'eau, & parconsequent la convertit le plus aisément en vapeurs.

Le 7. nous découvrîmes à 5. heures du soir Jean-de-Nove, c'est une petite Isle inhabitée qui est en large mer: comme elle est extrêmement basse & sans aucune montagne, aucun François jusqu'à present n'avoit pû la découvrir, ce qui sans doute a fait imaginer qu'elle étoit flottante. Le 10. aprés midy, nous apperçûmes l'Isle Majotte où nos Vaisseaux vont quelquefois relâcher, tout y est à meilleur marhé qu'à Enjoüan, mais l'eau n'y est pas si bonne.

Le lendemain 11. nous découvrîmes à la pointe du jour Enjoüan, nous mîmes le Cap dessus & moüillâmes à 4. heures du soir. Nous y trouvâmes une petite Fregate Angloise de la nouvelle Compagnie, qui étoit partie de Londres le 10. Novembre 1701. & qui s'en alloit à Surate, où Messieurs de la Compagnie ont un Com-

dans les Indes Orientales. 27
ptoir dont plusieurs autres relevent, il avoit relâché au Cap de bonne Esperance & y avoit perdu sa Chaloupe. Le Dimanche ensuivant au matin, notre Capitaine, les deux Demoiselles & moi, allâmes à terre aprés avoir déjeuné. Au débarquement du Canot je me trouvai pendant prés d'une heure tres-embarrassé pour marcher. Il y a au bord de la mer quantité de pierres qui m'incommoderent beaucoup, & l'on y trouve des marons de mer : ces marons viennent dans une coque longue de trois pieds à peu prés semblable à celles des flageolles. C'est un vrai plaisir de sentir la terre, aprés avoir esté plusieurs mois en mer, & l'on s'apperçoit d'une douce influence qui s'insinuë par les organes, & qui s'empare des sens, ce même jour l'on mit à terre tous nos malades & tous nos scorbutiques.

C ij

Le scorbut autrement appellé mal de terre est une maladie qui provient de l'air marin qu'on respire, des alimens salez, & des boissons fortes qu'on prend; quand une fois on en est attaqué il n'y a que la terre qui puisse guerir : car tous les rafraîchissemens qui se peuvent trouver dans le Vaisseau ne servent qu'à prolonger le mal.

On fit dresser à terre deux tentes, une pour nous & l'autre pour nos malades. Mr du Verger vint nous voir avec deux de ses Officiers, le Capitaine & le Marchand du Vaisseau Anglois nous y rendirent visite; nous dinâmes tous à la bourgeoise, nous passâmes la soirée à toutes sortes de petits jeux, & nous ne cherchâmes qu'à oublier toutes les fatigues passées, afin d'être plus en état d'en supporter d'autres. Le lendemain toute la compagnie fut regalée en notre bord, aprés que nous eûmes dîné nous allâmes tous à terre, où nous restâmes jusqu'à 10. heures du soir comme nous avions fait le jour précedent.

Le 14. nous allâmes au bord du Vaisseau Anglois, où l'on nous reçût tres-bien. Un bon repas chez les Anglois ne se fait point sans bonne ponse qu'on sert dans un grand vase, le Maître en boit le premier & la presente ensuite à la personne qu'il estime & qu'il honore le plus. Ma cousine qui est une Angloise, sçavoit cette coûtume ; mais l'autre Demoiselle ne pouvoit la souffrir. On sçait l'entretien des Dames quand quelque chose leur déplaît. Par bonheur aucun des Anglois qui étoient à la table n'entendoit le François. Comme j'étois le plus proche voisin de cette Demoiselle, & le confident de ses pensées sur ce sujet, je ne pouvois m'empêcher de rire sous cape; aprés que nous les eûmes remerciez, nous retournâmes chacun à nôtre bord. Le 15. nous allâmes souper chez Mr du Verger où nous fûmes tres-bien regallez, je connus qu'il y avoit plaisir d'aller avec les Dames, & sur tout quand elles sont agreables & capables d'inspirer de la tendresse.

Le 16. sur les 9. heures du matin les gens du Païs ramenerent trois de nos Matelots, qui le 13. nous avoient deserté; deux heures aprés on leur donna la cale, qui est un châtiment qu'on exerce sur les Vaisseaux; c'étoit trois malheureux qui vouloient se faire Forbans, c'est-à-dire, écumeurs de mer, ou, pour parler plus intelligiblement, voleurs, lesquels n'avoient eu lieu que d'être contens pendant toute la traversée. Mais quand on a le malheur d'être enclin au mal, difficilement peut-

dans les Indes Orientales. 31

on y refifter. Sur les 3. heures du foir nous commençâmes à appareiller, & 2. heures aprés nous fûmes à la voile.

Cette Ifle d'Enjoüan peut avoir 150. lieuës de circuit, elle eft remplie de montagnes, & on y en trouve de fi hautes, que par un temps ferain on peut les découvrir de 25. à 30. lieuës. C'eft une Colonie Arabe qui eft allée l'habiter: il y a un Roy, un Gouverneur & un Prêtre de la Loy qu'ils difent defcendre de Mahomet, & quelques Villes dont je n'ai pû apprendre le nom: car pas un de ces Infulaires ne fçavoit le François. Le Roy demeure dans l'une & le Gouverneur dans une autre. Chaque Habitant a fa demeure & felon fon moyen a des efclaves, ils font Mahometans & ont leurs Mofquées, dans une defquelles j'ay entré, c'eft chez eux un crime digne de mort; j'ay le défaut de

C iiij

la curiosité; & je m'y laissai aller. Comme nous étions les plus forts, je profitai de cet avantage & de l'occasion qui s'offroit. Avant que d'y entrer l'on voit à droite & à gauche plusieurs bains faits de pierres. Quand je fus entré je trouvai le milieu du parterre de la Mosquée couvert de nattes ; aux côtez plusieurs petites cazes blanches, dans le fond une chaise de pierre un peu élevée, dans laquelle se mettent leurs Prêtres pour lire l'Alcoran & faire les instructions ; je vis qu'à son costé droit il y avoit une grande corne de bœuf, dans laquelle je remarquai qu'on avoit mis de l'huile.

On trouve dans cette Isle de tres-bonne eau qui vient des montagnes, quantité de volailles qu'on achete ordinairement pour des morceaux de vieux linge, pour du vieux fer & autres choses semblables ; du gibier, du ris, quantité de cocos, de deux sortes d'oranges, dont les unes sont grosses & améres & les autres petites & tres-douces, & qu'on appelle vancasalles, des citrons, des limons, des figues qu'on nomme bananes. Il se pourroit faire que le figuier qui produit ces figues fût de la nature de celuy dont il est parlé dans l'ancien Testament, & dont on prétend qu'Adam fit son premier habit : car ses feüilles sont si larges & si longues qu'elles peuvent facilement couvrir un homme. Il y a aussi des ananas, des papées, de certains pois sauvages qui peuvent se manger & sur tout quand on est en mer où l'apetit ne manque point, des bœufs & des vaches dont la chair n'est pas si bonne que celle des nôtres, & qui cependant est la meilleure de toutes les Indes, ils ont tous une loupe sur le col comme ceux des Indes : cet endroit qui est un morceau de graisse ou de glande est celuy qui est le plus friant de la bête ; ils ont des petites cornes, le poil ras, & ne sont pas fort gros ; on y trouve aussi des cabrits qui sont tous différens des nôtres. Ces Demoiselles & moy ne manquâmes pas de faire bonne provision de toutes sortes de petits rafraîchissemens, ausquels nous étions tres-exacts de rendre de frequentes visites. Les Habitans de cette Isle se servent de petits Canots pour aller pêcher en mer, depuis quelques années ils se sont mis à en faire de tres-grands avec lesquels il peuvent aller en pleine mer jusqu'à 30. lieuës & même davantage, s'ils avoient l'usage de la boussolle. Et comme ils n'ont point de fer ni de chanvre, ils ne se servent que de corde faite d'une petite peau qui est entre l'écorce & le bois du tronc du cocotier.

Le 28. du même mois nous repassâmes la ligne équinoxiale, nous avions toûjours bon vent, & le 6. Juillet nous découvrîmes à la pointe du jour la Côte de Malabare, où nos Missionnaires vont souvent prêcher. Il est à remarquer que les gens de cette Côte ne veulent point souffrir de barbe rousse & sur tout pour les prêcher. Le 9. nous passâmes par la hauteur de l'Isle de Ceilan, elle appartient aux Holandois, & c'est de-là qu'ils tirent leur canelle dont ils font un grand negoce, & & de grands profits : ils ont la politique de ne permettre à aucun Vaisseau François, ni de quelque Nation qu'il soit, d'aborder dans cette Isle, dans la crainte de communiquer la connoissance de ce commerce & d'inspirer le desir de le partager.

Depuis le 24. Juin jusqu'au 4. Juillet, quarante hommes de nôtre équipage tomberent malades,

& trente-six de celuy de l'Etoile, dont il en mourut dix-huit avant que d'arriver à Pondichery & vingt-un dans notre Vaisseau. Les uns ont prétendu qu'il faloit que nous eussions passé par un climat pestiferé, & les autres ont attribué cette maladie à la relâche d'Enjoüan. Pour moy je l'attribuë plûtôt au dernier qu'au premier, quoique l'un & l'autre pouroient bien y avoir contribué : car en pleine mer on se sent quelquefois si abattu qu'à peine peut-on agir, & si-tôt qu'on entre sous un autre climat, on s'apperçoit que les forces reviennent insensiblement. Les plus à craindre sont dans la Zone torride de l'hemisphere du Sud, par les 6. à 12. degrez, sous le Tropique du Capricorne, & lorsque le Soleil est à plomb. La raison pour laquelle j'attribuë cette maladie à la relâche d'Enjoüan, est que tous les malades scorbutiques qui avoient couché à terre se sont tres-bien portez, & qu'au contraire de tous ceux qui se portoient bien & qui furent y coucher, il n'y en eût que trois qui ne tomberent point malades, une partie étant morte, & l'autre ayant eu beaucoup de peine à se rétablir. C'est une désolation de se trouver dans un Vaisseau où la mortalité se met, & il faut y avoir passé pour sçavoir ce que c'est. Nous étions campés au pied d'une haute montagne depuis 10. heures du matin jusqu'à 5. heures du soir, il y faisoit si chaud, à cause de la reverbération des rayons du Soleil, qu'à peine pouvions-nous respirer: mais pendant la nuit il vient de la mer un air frais qui s'insinuë dans la concavité de cette valée & l'humecte, de sorte que cette fraîcheur mêlée avec les vapeurs de la terre y produit un certain air grossier tres-nuisible à la santé. On pourra m'objecter que les malades auroient plûtôt dû souffrir de ce mauvais air; parce que les parties étant déja affoiblies elles devoient moins resister à sa malignité. Mais outre que le scorbut est une maladie qui demande la terre, c'est que quand on se porte bien on est prodigue de sa santé, & que comme il y a long-temps que l'on n'a gouté le plaisir de la promenade, on s'en fait un tres-grand de sentir cette fraîcheur pendant la nuit: on s'y endort par l'assoupissement que causent ces vapeurs épaisses, & de-là vient la maladie; mais quand on est indisposé on se ménage, & c'est ce me semble par cette raison que les malades y recouvrent leur santé, & que les autres au contraire la perdent.

Le 11. nous rencontrâmes un Vaisseau auquel nous ne pûmes parler, & le lendemain à 8. heures du matin, nous moüillâmes à la rade de Pondichery, & saluâmes le Fort de 9. coups de Canon. Cette rade est éloignée de terre d'une demi-lieuë à cause des courans qui sont tres-grands ; jusqu'à un demi-quart de lieuë, il y a des brisans qui sont si forts qu'on ne peut se servir de la Chaloupe ny du Canot pour aborder. C'est pourquoi pour aller à terre on est obligé de se servir d'un petit Bateau dont les bords sont tres-hauts qu'on appelle Dingues : ce Bateau est construit d'une maniere qu'il s'éleve facilement à la lame, sans quoi on ne pourroit aborder à terre qu'avec beaucoup de danger. Sur les 9. heures M. le Chevalier Martin Gouverneur du Fort & de la Ville de Pondichery, envoya à bord trois des premiers Officiers de la Compagnie. Aprés qu'ils eurent felicité nos deux Demoiselles sur leur bonne arrivée, & que nous eûmes bû à la santé des uns aux autres, nous débarquâmes tous ensemble; il voulut bien aussi se donner la peine d'ordonner qu'on tînt prêts des Palanquins au bord de l'eau; il vint luy-même recevoir nos Demoiselles jusqu'à la derniere porte du Fort, & Madame la Gouvernante jusqu'à la derniere de son appartement. Nous y séjournâmes 10. jours; & pendant notre séjour nous y goûtâmes tous les plaisirs qu'on y peut prendre; chacun s'efforçoit à y contribuër, & la présence de deux si belles Demoiselles étoit un pressant aiguillon qui les animoit.

Pondichery est par le 12ᵉ. degré de l'hemisphere du Nord, il y fait tres-chaud, mais l'air y est tres-sain. C'est un Païs sablonneux qui ne produit que du ris; tres-peu d'herbes potageres; on y trouve une espece de grosses raves; de l'oseille, des épinards, des petites citroüilles appellées giromons; de la la chicorée, des choux blancs, des concombres, le tout ayant un goût different des nôtres, on y trouve quantité de citrons, quelques oranges, des bananes, des goüiaves, des grenades, des patates, des melons d'eau qu'on appelle ainsi, parce qu'ils se reduisent presque tout en eau & qu'ils viennent dans des marais, une autre espece de melons qui aproche un peu des nôtres, des mangues, des pamplemousses, des ananas, des jacs, des papées: on y trouve aussi toute sorte de volailles, du gibier, quelques bœufs & vaches, mais grande quantité de bufles dont les gens du Païs se servent pour travailler à porter & à traîner, des cabrits qui sont tous differens de ceux d'Enjoüan & des nôtres, ils ont de grandes oreilles abattuës, une mine extrêmement basse & niaise, à peu près semblable à celui qu'on a vû à la derniere Foi-

D

re de S. Laurent ; la chair en est mauvaise, j'en ai goûté, & faute d'autres choses on en mange quelquefois à Pondichery. Comme il y a tres-peu de bois à bâtir, on y bâtit à la Romaine; & comme il arrive de temps en temps des vents impetueux, on n'éleve les maisons que d'un étage; on y trouve des cocotiers en grande abondance. Le cocotier est un arbre d'un seul brain & sans branches qui pousse toûjours sa tige en haut, ses feüilles sont tres-grandes & coupées ; j'ay pris plaisir de mesurer une de ces feüilles à Bengale, que j'ai trouvée de la longueur de 20. pieds.

On peut dire qu'il n'y a point d'arbre sur terre dont on tire de plus grandes utilitez ; on y trouve dequoy boïre, dequoy manger, dequoy se loger, & on y pourroit trouver dequoy se vêtir. Le fruit de cet arbre appellé coco vient à la tige entre les feüilles, il est de la grosseur d'un melon en ovale ; il y a au dedans une certaine liqueur de la couleur, du goût & de la même qualité que le petit lait : quand ce fruit est bien meur, cette liqueur s'aigrit ; autour de ce fruit il y a une espece de noyau qui a le goût d'une amande verte, & ce noyau peut avoir un pouce & demi d'épaisseur. Pour boire de cette liqueur on coupe une de ses feüilles, au bout de laquelle on met un vase pour recevoir ce qui en distile goute à goute, comme peut faire la vigne quand elle est en séve ; cette liqueur s'appelle tarif, qu'il faut boire tout frais pour le boire bon. Ce tarif ennivre comme le vin: de cette liqueur qu'on laisse aigrir, on en fait de la raque qui se conserve long-temps.

La maniere de la faire est celle de l'eau de vie, elle en a le goût & elle en est même plus forte ; mais elle n'a pas la même qualité :

D ij

car elle est tres-pernicieuse & sur aux tout Européens, lors qu'ils en font débauche, elle charge l'estomach, cause des inflammations, donne des vents & affoiblit les nerfs; j'ai connu plusieurs François qui aprés en avoir bû par excez, ont souffert par tout le corps de tres-grandes douleurs.

Ce qu'il y a encore de remarquable, c'est que ses feüilles servent à faire des petits paniers, le bois est propre à faire divers ouvrages; la petite peau qui est entre l'écorce & le bois peut se filler, car on en fait des cordes à Enjoüan comme on aura pû remarquer.

Pondichery est le premier de tous les Comptoirs, qu'ont Messieurs de la Compagnie dans toutes les Indes; il y a un Gouverneur, comme je l'ai déja dit, depuis quelques années Sa Majesté y a établi un Conseil Souverain : la

Compagnie y possede de grands Domaines. La Ville peut avoir 4. lieuës de circuit ; chaque état y a son quartier, lorsque j'y passai on y faisoit bâtir un nouveau Fort, auprés duquel il y a quelques Officiers François qui ont fait bâtir des maisons : outre ce Fort il y en a encore neuf autres petits pour défendre la Ville des insultes des Maures ; elle est occupée par des Gentils. Comme ils aiment beaucoup mieux la domination Françoise, que celle des Maures, elle est tres-peuplée. Pour la défense du Fort & de la Ville, la Compagnie entretient un Commandant d'Infanterie, un Major & trois Compagnies completes de Soldats François ; elle entretient encore deux à trois cens Topases, qui sont des gens du Païs qu'on éleve & qu'on habille à la Françoise, lesquels ont esté instruits dans la Religion Catholique par quelques-uns de nos Miſſionnaires.

Il y a à Pondichery trois Maiſons de Religieux; la premiere eſt celle des PP. Jeſuites, elle eſt tres-belle, & l'Egliſe tres-bien bâtie; nous y avons eſté deux fois nous promener, & nous y fûmes tres-bien reçûs, il y a preſentement cinq Religieux & un Frere; la ſeconde eſt celle des Peres Miſſionnaires, qui eſt belle auſſi & qui eſt un peu plus éloignée du Fort que celle des Peres Jeſuites, il n'y avoit qu'un Religieux; mais comme au retour nous avions deux Aumôniers, celuy que nous avions pris en France y a reſté; c'étoit un Carme qu'on peut dire être un tres-digne Religieux: la troiſiéme eſt celle des Peres Capucins qui ſe diſent Curez de tout Pondichery & de l'Egliſe des Mallebares; ils ſont trois Peres & un Frere, dont un des trois appellé le Pere Eſ-

dans les Indes Orientales. 47
prit est de Tours & le Frere aussi.

C'est un vray plaisir de se trouver d'une même patrie dans un Païs aussi éloigné, la conversation ne manque point de matiere, l'on s'y donne tout entier, & l'on sent alors cette douce affection que l'on conserve toûjours pour sa patrie. Nous allâmes plusieurs fois nous promener dans un jardin un peu éloigné du Convent, il y avoit de la vigne, je fus curieux d'en manger du fruit, qui ne me parut pas mauvais, ce n'est que depuis quelques années qu'on en a planté, elle y vient beaucoup mieux qu'à Bengale, & produit deux fois l'an à cause qu'il n'y a point d'hyver.

Le 22. du même mois aprés que nous eûmes déjeûné, dés la pointe du jour l'on tira le coup de partance. Le Capitaine, nos deux Demoiselles & moy, prîmes congé de Monsieur & de Madame la Gouvernante. Plusieurs Officiers du Comptoir nous firent l'honneur de nous accompagner jusqu'au Vaisseau; autant qu'ils pûrent joüir de la presence de nos deux belles personnes, ils n'en negligerent pas l'occasion, & leur assiduité étoit d'autant plus naturelle, qu'il y avoit long-tems qu'ils n'en avoient vû de pareilles, la beauté, la propreté, & le bon air François étant rares dans ce Païs éloigné.

Nous dinâmes tous ensemble, & aprés que nous eûmes pris congé du Fort par 9. coups de Canon, comme nous avions fait en arrivant, nous commençâmes à appareiller, & les Officiers qui étoient venus avec nous se disposerent à prendre congé : cet adieu ne put se faire sans chagrin; plusieurs d'entre eux n'auroient pas esté fâchez d'aller plus loin, mais cela ne se pouvoit pas, c'est ce qui les obligea de se rembarquer

quer dans leurs Dingues. Séparation dure & fâcheuse pour des personnes qui se seroient fait un sensible plaisir de vivre éternellement, ou de mourir aux pieds de deux objets si aimables ? L'amour est une passion qui souvent domine tellement l'homme, que quelquefois il le met horsd'état d'écouter la raison & même la tirannie qu'il exerce dans son empire paroît un joug si doux, qu'insensiblement on se trouve enchaîné dans ses fers, & si quelquefois on s'apperçoit de la pesanteur de son fardeau, ce n'est point pour y aporter du remede : car en est-il contre ce poison ? Ils sçavoient le sujet du voïage que ces Demoiselles avoient entrepris, & quoique cette raison dût les empêcher de se laisser rendre à leurs attraits, l'amour fut plus fort que la raison, & si peu que ces Dames eussent encore resté, le bruit des passions qu'elles au-

E

roient excitées, eût retenti jusques dans l'Europe.

Sur les 2. heures nous fûmes à la voile; nous eûmes le vent assez favorable jusqu'à la rade de Ballasord, où nous arivâmes le 29. du même mois. Si-tôt que nous eûmes moüillé, nous tirâmes trois coups de Canon & bordâmes l'artimon, qui est le signal dont on se sert ordinairement pour avertir les Pilotes Gauthiers de la Compagnie.

Cette rade est foraine & tres-éloignée de la terre. le Pilotte fut 5. jours sans pouvoir venir à bord à cause d'un gros vent contraire qui l'empêchoit de sortir de la riviere. Nous avions quitté l'Etoile à Pondichery, & nous apprehendions la guerre dont le bruit se répandoit déja dans les Indes: c'est pourquoi ce retardement ne plaisoit point à nôtre Capitaine, qui craignoit de rencontrer quelques

Vaisseaux Anglois ou Hollandois.

Le 4. Aoust le Pilote vint à bord dés le matin, & le chef du Comptoir que la Compagnie entretient à Ballaford y vint fur les 10. heures: mais le vent continua de nous être contraire jufqu'au 7.

A l'entrée du Gange il y a trois bancs de fable, & dans ce jour le vent s'étant rendu favorable, à la premiere marée nous paffâmes les deux premiers & moüillâmes enfuite à caufe de la nuit; nous ne pûmes cependant nous fervir de la feconde, pour paffer le troifiéme; mais le lendemain le vent continuant d'être bon, nous le paffâmes dés la premiere marée, & entrâmes dans la riviere.

Nous voilà donc dans le Gange, ce fleuve fi renommé dans lequel plufieurs perfonnes prétendent qu'on trouve des perles, des diamans & de l'or en abondance:

pour moy je n'y ai rien trouvé ; sans doute que je n'étois pas encore bien informé de la maniere de rencontrer ces sortes de richesses ; & j'ay vû par experience que l'éloignement grossit les objets, & qu'on en impose beaucoup à ceux qui sont éloignez.

Si-tôt qu'on sçait à Ballasord l'arrivée de quelque Vaisseau François, le Chef du Comptoir en donne avis au Directeur de celuy d'Ougly, & pour cet effet il envoye un Patemard qui est un homme du Païs; & c'est ce que nous appellons un exprés; mais si-tôt que le Directeur a reçû cet avis, il dépêche quelques Officiers avec des Basaras, qui sont de grands Bateaux assez propres, au milieu desquels il y a une petite chambre.

Ballasord est un lieu d'où l'on tire de belles toiles blanches appellées sanas, qui est une toile tres-fine. C'est aussi de-là d'où l'on tire les étoffes qui passent en France pour écorces d'arbres; mais elles sont faites d'une soye sauvage qu'on trouve dans les bois.

Sur les 10. heures du matin, nous rencontrâmes trois Basaras, une Chaloupe & deux Dingues, que Mr Dulivier avoit envoyés avec quatre Officiers, deux pour les affaires de la Compagnie, & les deux autres pour complimenter sa Maîtresse sur sa bonne arrivée. Comme je luy avois écrit de Ballasord & à mon oncle, j'eus réponse aux miennes. Nous avions vent & marée qui nous firent devancer le convoy qui nous attendoit à l'entrée de la riviere, tellement que ces M^{rs} ne pûrent nous aborder, que sur les 11. heures. Nous dinâmes tous ensemble, & bûmes à la santé des deux amans. L'excez de joye que nos Demoiselles sentoient interieurement de se voir à la fin de leur course, & à la veille de voir ceux aufquels elles étoient deftinées, cette joye, dis-je, ne contribua pas peu à nous faire paffer agreablement la foirée.

Le lendemain matin après la Meffe, outre les quatre Officiers que Mr Dulivier avoit envoyés, notre premier Lieutenant s'embarqua avec nous dans un des Bafaras. Avant que de débarquer du Vaiffeau nous prîmes congé du Capitaine, cet adieu ne put fe faire fans verfer des larmes. La maniere dont nous avions vêcu pendant toute la traverfée doit excufer ces fortes de foibleffes. Au premier flot nous nous embarquâmes tous dans le plus grand des Bafaras, & fi-tôt que nous eûmes gagné au large, le Vaiffeau nous falua de 11. coups de Canon; nous avions ordre de n'arriver que le 11. c'eft pourquoi nous ne fîmes pas grand chemin, le foir après foupé nous

nous retirâmes dans les autres Basaras, & laissâmes seules nos Demoiselles. Le lendemain nous passâmes pardevant la Loge des Anglois de l'ancienne Compagnie : cette Loge appellée Golgonthe est tres-belle, on y faisoit bâtir de tres-beaux Magazins, elle est située tout au bord du Gange, & elle est à 8. lieuës de notre Loge. Comme plusieurs particuliers ont fait bâtir des maisons qui la joignent, on prend de loin cette Loge pour une Ville. Nous continuâmes toûjours notre route, & nous arrivâmes au lieu où nous devions joindre nos amans ; nous les attendîmes long-temps où le rendez-vous étoit donné : ils ne firent pas grande diligence, & nos Demoiselles n'étoient pas contentes de ce retardement ; mais il faloit bien cependant qu'elles prissent patience : j'entrai dans leurs peines, & je ne pus m'empêcher

E iiij

de blâmer un procedé, qui ne répondoit pas à l'impatience qu'ils devoient avoir, pour des personnes qui avoient fait un voyage si long & si perilleux pour les venir chercher; & il sembloit que leurs peines meritoient un peu plus d'empressement. Quoiqu'il en soit, ils firent peu de diligence, & peut-être parce que l'assurance de la possession ralentissoit déja le feu. En effet l'engagement qui met un cœur, dans une securité indolente amortit la flâmme, & la sureté d'être maître de l'objet aimé est souvent l'écüeil de l'amour.

Enfin aprés avoir langui dans une attente qui nous attristoit, nous apperçûmes de loin ces personnes si attenduës; ils arriverent & s'avancerent chacun pour saluër leur Maîtresse. Mais dans cette entreveuë il arriva un incident, qui est que comme jamais ils ne s'étoient vûs, l'un & l'autre prirent

dans les Indes Orientales. 57

le change : celuy qui devoit épouser ma cousine, saluä sa compagne ; & l'autre amant embrassa ma cousine. Cette erreur causa une risée qui nous divertit. Mais étant informez du *qui pro quo*, chacun revint à la sienne, & aprés un salut plus juste & des embrassemens qui en parurent plus étroitement serrez, ils prirent place auprés d'elles, & commencerent une conversation qui dura jusqu'au dîné que l'on servit bien-tôt. Nous n'avions pas fait grande chere toute la journée, & l'amour ne m'emplissoit pas beaucoup l'estomach, c'est ce qui fit que j'officiai parfaitement bien, & donnai dessus sans examiner ce que faisoient nos amans.

En passant pardevant la Loge des Danois, nous fûmes saluez de 13. coups de Canon, & de tous les Vaisseaux pardevant lesquels nous passâmes.

Sur les 4. heures du soir nous arrivâmes à la Loge; & nous trouvâmes au bord de l'eau des Palanquins qui attendoient nos Demoiselles ; si-tôt qu'elles furent débarquées, il se fit une décharge generale de Canons ; on les reçût sous les armes, & aprés qu'elles eurent passé le corps de garde, il se fit aussi une décharge de mousqueterie. Mr Dulivier prit le devant pour aller les recevoir dans la Sale du Roy, & ensuite nos deux amans conduisirent chacun leur Maîtresse dans un appartement qu'on leur avoit preparé; je les laissai tous quatre & chacun dans leur chambre. Il n'est pas de ma Relation de rapporter les discours tendres, ny les declarations d'amour qui se firent de part & d'autre, ils pouvoient être un peu revenus du transport que cause pour l'ordinaire une pareille entreveuë. J'allai avec mon oncle dans sa chambre, où chacun vint me feliciter sur le bonheur que j'avois eu d'avoir conduit deux si belles Demoiselles. Nous soupâmes ensuite tous ensemble, & nos amans paroissant alors faire une heure de tréve avec l'amour, bûrent & mangerent parfaitement bien.

Depuis notre arrivée jusqu'au jour des épousailles de l'une & de l'autre, nous avons toûjours bû & mangé ensemble, & je n'en étois pas fâché, car la presence d'un bel objet fait toûjours plaisir, quoiqu'on le sçache destiné pour d'autres. C'étoit tous les jours regal, & les deux amans nous faisoient souvent l'honneur de venir manger avec nous. Ce n'est pas que ce ne me fût dans de certains momens un regal un peu amer, de les voir tous quatre ensemble, ne penser qu'à se donner en ma presence des marques veritables de leurs tendresses reciproques. Mais pour m'indemniser de ce chagrin, elles m'entretenoient de la conversation de leurs amans, & j'avois part au secret de l'une & de l'autre.

Ma cousine fut fiancée le 24ᵉ. du même mois, & l'autre Demoiselle le 1. Septembre, l'une & l'autre ont eu trois bans publiez. Un Lundy à 9. heures du matin 11ᵉ. du mois, on fit la ceremonie des épousailles de Mr Dulivier, avec ma cousine. Dés la pointe du jour elle fut saluée d'une décharge de mousqueterie & ensuite d'une décharge de Canons. La Messe fut celebrée en musique. A la premiere Evangile, il y eut une même décharge que celle de la pointe du jour, une pareille à l'élevation de l'Hostie, & une quatriéme à la derniere Evangile. Aprés la Messe mon oncle la conduisit dans l'appartement de Mr Dulivier : il y avoit dans la Salle d'armes un déjeûné pour la Compagnie, en attendant le dîné, qui fut ensuite servi. Pendant le dîné on tira plusieurs coups de Canon à mesure qu'on bûvoit les santez.

On passa la soirée en dances & en jeux, & chacun s'efforça de donner des marques de la joye qu'il sentoit interieurement. Aussi pour remerciement, le vin ne fut point épargné ny tout ce qui étoit necessaire pour cela.

Le lendemain matin 12e. les nouveaux mariez furent saluez d'une pareille décharge que celles que j'ay marquées, & l'on alla dîner dans un jardin appellé le Champ gaillard, qui apartient à la Compagnie.

Aprés le repas on envoya chercher les danseurs & les sauteurs du Païs, qui font des sauts prodigieux & des tours extraordinaires; ils sçavent joüer de la gibeciere & des gobelets, & ils avoient déja commencé à nous donner un agreable passe-tems, quand le Ciel se couvrit d'une nuë épaisse dont se répandit une pluye si forte, qu'en un instant nous fûmes tous trempez jusqu'à la peau. Je laisse à penser le chagrin general que cet accident nous causa, & d'autant plus qu'on s'étoit paré pour honorer une si belle feste. Beau champ pour refléchir sur la vie humaine, tellement mêlée d'orages parmi les plus beaux jours, qu'il est difficile d'y trouver des plaisirs qui ne soient empoisonnez par des amertumes. Il semble même que ce soit un droit que demande la foiblesse de nôtre humanité. L'experience que mon âge peut m'avoir déja donnée dans le monde, m'a fait connoître qu'il est bon de sçavoir donner des bornes à l'un & à l'autre, & que c'est le moyen le plus sûr pour passer plus agreablement la vie.

dans les Indes Orientales. 63

Je ne pouvois refuſer à mon cœur de tenir toûjours bonne compagnie à l'autre Demoiſelle, il ne me reſtoit plus qu'elle, & j'allois bien-tôt la perdre. Pendant que le temps me le permettoit, je devois bien profiter de l'occaſion. J'ay connu en elle une ſi grande ſageſſe, que rien n'égale l'eſtime veritable que j'ay conçûë pour elle : dans les marques que je luy en ai donné, j'ai conſervé toûjours tant de diſcretion & de retenuë, que nous avons toûjours continué d'être bons amis, & le mary qui me connoiſſoit ne s'en faiſoit aucune peine. Ce n'eſt point dans l'amour coquet & libertin que ſe trouve la felicité du cœur, une ſympathie d'humeurs & une complaiſance mutuelle font le bonheur des amans, & durent bien plus que ces penchans qui n'ont pour objet que ce qui paſſe, & qui eſt bien-tôt ſuivi de la froideur & souvent du dégoût.

Le 15. du même mois, j'assistai à leurs épousailles. Aprés la Messe j'allai les conduire avec Mr & Madame Dulivier & plusieur Officiers de la Loge, en leur maison.

Il y eut plusieurs divertissemens pendant toute la journée, & malgré tout le chagrin que je devois prendre des pertes que je venois de faire, je ne fus pas un de ceux qui se divertit le moins.

La Loge appellée Chamdernagor, est une tres-belle Maison située sur le bord d'un des bras du fleuve du Gange: c'est un Comptoir de qui deux autres relevent; sçavoir, Cassembazard, d'où l'on tire toutes les soiries, dont il se fait un grand negoce dans tout le Levant, & Ballasord dont j'ay déja parlé. Le Païs s'appelle Ougly, qui est un Gouvernement du Royaume de Bengale. A une lieuë de la Loge il y a une grande Ville le appellée Chinchurat, où les Holandois & les Anglois de la nouvelle Compagnie ont chacun un Comptoir, celuy des Holandois est beaucoup plus beau que celuy des Anglois. Les Portugais y ont deux Eglises, une occupée par les Peres Jesuites, & l'autre par des Religieux Augustins : ces derniers ne vivent pas dans toute la regularité possible, dont je ne suis point surpris. Car à Goa qui est la Capitale de toutes les Indes, quand il y arrive un Vaisseau venant d'Europe, celuy de l'Equipage qui veut se rendre Religieux, n'a qu'à se presenter : quelque ignorant qu'il soit, il est reçû, sans examiner s'il a l'esprit de Religion ou non. Ainsi je ne m'étonne point de ce qu'il s'y commet tant d'abus. Cet état est une chose si sainte, qu'elle demande beaucoup de precaution, & on ne devroit jamais y recevoir un sujet qu'aprés

F

luy avoir connu une forte vocation, ou du moins des dispositions à ne point douter qu'elle ne vienne.

Les Maures ont aussi à Chinchurac une Citadelle où loge ordinairement le Gouverneur.

Devant la Ville il y a un beau Port où peuvent moüiller 300. Vaisseaux. Les Baignans qui sont des Marchands du Païs, y ont leurs demeures & leurs Magazins.

Les Reverends Peres Jesuites ont une belle Maison aux environs de nôtre Loge. Il n'y avoit que deux Religieux dont un est Curé de la Paroisse. J'ai souvent eu l'honneur de les entretenir, & ils m'ont paru fort zelez à prêcher l'Evangile, & à faire connoître à ces malheureux Infideles, le vray Dieu & le chemin de la vie éternelle. Il seroit à souhaiter pour l'interest de notre Religion que les Indiens n'eussent jamais vû que des personnes qui suivent le vray chemin du Ciel, cette diversité de Chrétiens, & les mauvais exemples empêchent le progrez de nos Missionnaires. Dans la Loge il y a une Chapelle dans laquelle il se dit ordinairement trois Messes chaque jour.

A un quart de lieuë, les Danois ont leur Loge, qui est une maison assez reguliere; aux environs de la nôtre, il y a plusieurs maisons que des François & des Portugais ont fait bâtir. Quant à Bengale on bâtit à la Romaine ainsi qu'à Pondichery. Comme dans l'un & dans l'autre endroit on ne trouve point de pierre, on se sert de briques. La chaux se tire de Ballasord. Ce sont des écailles d'huistres qu'on brûle. On trouve de ces huistres qui pesent jusqu'à quatre livres, & pour les ouvrir il faut des marteaux.

Ougly est par le 23ᵉ. degré sous

le Tropique du Cancer, n'étant moins éloigné que nous de l'Equateur, que de 25. dégrez en latitude; si bien que sans le Cap de bonne Esperance, ou plûtôt sans une grande langue de terre qui nous empêche de chercher en droiture les mers Indiennes, on ne seroit éloigné de Bengale que de 500. lieuës en latitude, & environ 1000. lieuës en longitude. Au lieu que pour y arriver, il faut faire 5500. lieuës; sçavoir 71. degrez dans la partie du Nord, & 74. dans la partie du Sud, qui font 135. dégrez, qui valent en latitude 2700. lieuës & 2800. lieuës en longitude, & même quelquefois davantage, quand on a de gros vents contraires qui obligent à loüvoyer. L'air y est fort grossier & le climat n'y est pas si sain qu'à Pondichery.

La terre cependant y est meilleure; elle produit toutes sortes

dans les Indes Orientales. 69
de legumes potageres, du froment, du ris en abondance, du miel, de la cire, de toutes sortes de fruits qui se cüeillent dans les Indes, tellement qu'on peut dire que Bengale est le Magazin de toutes les Indes. On y cüeille quantité de cotton, qui est une plante qui vient de la hauteur de trois pieds, & qui a la feüille faite comme celle de l'Erable, qui est un arbre tres-connu en France. Le cotton vient à un bouton qui fleurit à peu prés comme celui d'un gros chardon.

On y cüeille aussi une grande quantité de moutarde, dont les gens du Païs apellez Bengalistes, font de l'huile, & s'en servent pour humecter leurs cheveux, se frotter le corps, & pour manger avec leurs ris, du chanvre qui ne sert qu'à faire de la corde, & la graine sert à faire de l'huile à brûler; ils s'en frottent aussi le corps & s'en huilent les cheveux. Comme ce Païs est plat, moins sablonneux qu'à Pondichery & qu'il est rempli d'eaux, la vigne n'y peut venir, l'on y trouve peu de fleurs, les tubereuses y sont cependant tres-communes, & les roses blanches.

Dans les Indes on use beaucoup de bestel : on prétend dans le Païs qu'il est un corrobaratif. Quand on s'en sert, on diroit en le mâchant que la bouche seroit pleine de sang : neanmoins c'est un des meilleurs revenus de chaque Prince Maure. Le bestel est une feüille qui ressemble au Lierre, ils en prennent plusieurs ensemble qu'ils graissent avec un peu de chaux éteinte, y joignent du cachoux, & de la resque, & mâchent le tout ensemble. Et cela ennivre comme le tabac, quand on n'y est point encore accoûtumé.

Le resquier d'où vient la resque, est un arbre dont le tronc & les feüilles font moins grandes que celles du cocotier, l'un & l'autre viennent de graines qui font leurs fruits. Les Anglois fe fervent beaucoup de cette refque, qu'ils font brûler, & qu'ils pulverifent enfuite pour nettoyer les dents & les blanchir. Cette refque a encore la vertu de fortifier les gencives.

Il y a à Bengale toutes fortes de volailles à tres-bon marché; on y trouve une forte de poules dont les offemens font noirs, elle eft même d'un meilleur goût que les autres, on y trouve auffi une grande quantité de gibier, comme oyes fauvages, canards, farcelles, pluviers, tourterelles, pigeons ramiers, pigeons de fuïe, pigeons verts qui font tres-bons, des cailles, des perdrix, mais elles ne font pas bonnes à manger. On y trouve peu de liévres, & il n'y a aucuns lapins.

On y trouve de quatre sortes de perroquets, sçavoir, perroquets, lauris, perruches, & cacatoris; on y trouve aussi des chauves-souris, qui sont de la grosseur d'un corbeau, & qui ne different des nôtres qu'en cette grosseur: j'en ai tuée une que j'ai voulu manger par curiosité, mais la chair n'en est pas bonne. Il y a aussi une tres-grande quantité de corneilles, d'oiseaux qu'on apelle martins, qui parlent & qui sont gros comme nos sansonnets. J'y ai vû un oiseau tres-curieux qu'on apelle roy des grailles, qui prend naturellement à la volée tout ce qu'on luy jette. J'y ai vû aussi un autre oiseau qui est tres-particulier, qu'on appelle oiseau du paradis. Cet oiseau n'a point de pieds, & pour se reposer il se tient à un arbre par le bec, il est d'un tres-beau plumage, en chair il n'est pas plus gros qu'un moineau; mais il a

une

une queuë qui peut avoir vingt pouces de longueur & qui est tres-curieuse à voir : il y a encore plusieurs sortes de petits oiseaux qui sont tres-beaux & tres-curieux.

On trouve à Bengale des cerfs qui sont martelez comme les tigres, une grande quantité de vaches, des busles, des cabrits, des cochons qui sont ventrus, & qui ont le col & les jambes courtes : de maniere que quand une cochie est pleine son ventre touche à terre. On y trouve encore quelques moutons qui sont tres-bons à manger : j'y en ai vû quelques-uns de Perse, dont la queuë pesoit dix livres. On remarquera que lors qu'on veut acheter un veau, on est obligé d'acheter la mere, & jamais on ne vend l'un sans l'autre ; c'est pourquoi les Européens n'en servent ordinairement à leurs tables que dans des grands repas. Comme c'est un crime parmi les Indiens de tuër une vache, on est obligé de les tuër en secret. On trouve aussi plusieurs sortes de bêtes feroces, comme tigres, qui sont les plus communs ; il y en a de deux sortes, & l'une & l'autre ne different qu'en grosseur, des leopards, des panteres, des bêtes produites des deux dernieres especes, des ours, plusieurs civettes. Dans le Gange on y trouve une espece de gros serpent apellé Cailman, autrement dit Crocodille ; il y en a qui ont jusqu'à huit pieds de longueur sur trois de grosseur : cet animal devore tout ce qu'il peut trouver dans l'eau ; & il arrête jusqu'à des vaches, mais quand un homme a le malheur d'être poursuivi sur terre par cet animal, il faut qu'il coure de côté & d'autre : cet animal a une gueule tres-fenduë, deux rangs de dents, une épine sur le dos, quatre pates de cinq doigts chacune, les deux de

dans les Indes Orientales. 75
derriere plus hautes que celles du devant, & il a une queuë martelée comme celle des viperes: on prend quelquefois le plaisir d'en faire battre avec un tigre, je l'ai vû, c'est un combat furieux & un divertissement digne d'un Prince.

On voit aussi des couleuvres, dont il y en a qui sont de la grosseur de seize pouces de tour, & de la longueur de six pieds, elles sont tres-venimeuses ; mais les gens du Païs les sçavent charmer, & en font tout ce qu'ils veulent: il y en a qui en portent dans les maisons, & on a le plaisir de les voir faire danser pour tres-peu de chose : il y aussi une grande quantité de chiens sauvages qu'on apelle chiens marons, des vautours, des papangles, qui sont des oiseaux de proïe; & toutes ces bêtes carnacieres mangent toutes les charognes qu'on trouve le long du Gange, & dans les terres, & c'est ce

G ij

qui garentit Bengale de la peste.

Il y a de tres-beaux chevaux dans les Indes ; neanmoins on y en fait venir de Perse. On y trouve aussi des élephans, dont les Maures se servent dans leurs armées. A Surat qui est une Ville tres-riche, l'yvoire y est à bon marché : on trouve aussi dans les Indes des chiens, mais les petits ont de la peine à vivre à cause de la grande chaleur, les Maures cependant en sont tres-curieux, & l'on ne peut faire un present plus agreable à un Prince que de luy presenter un beau chien : comme ils tiennent leurs concubines toûjours enfermées dans leurs Serails, ils sont bien-aises de leur donner dequoi les divertir pour leur faire passer le temps plus agreablement.

Pendant quatre mois de l'année, il fait à Bengale des pluyes sans discontinuër, tellement que tout est inondé ; deux mois avant les grosses pluyes & deux autres aprés, il fait un temps nebuleux : & pendant Novembre, Decembre, Janvier & Février, il fait un tres-beau temps, & quelquefois le temps y est si calme & si serain, que pendant quinze jours on ne voit pas une seule nuë en l'air. C'est-là le temps où se moissonne le bled, & c'est en Octobre qu'on le seme, & qu'on cüeille les poix verts, les flageolles & autres legumes qu'on a en abondance, les herbes potageres qui sont beaucoup meilleures & en plus grande quantité qu'à Pondichery. Et c'est à la fin de Decembre que les petits poix & les chicons commencent à devenir communs : sur la fin des pluyes, il se produit une si grande quantité d'insectes, & sur tout des punaises & des maringoüins qu'on appelle icy des cousins, qu'au soir à la chandelle on ne peut pas quelquefois respirer.

Au mois de Juin & de Juillet, on est fort sujet aux bourboüilles & à des démangaisons par tout le corps : mais quand on est accoûtumé au Païs, on ne s'en fait point de peine ; car c'est une marque de santé ; comme l'air est si grossier, il faut que la malignité qu'on respire sorte par quelque endroit.

La Compagnie tire de son Comptoir d'Ougly diverses sortes de malles-molles, des casses, qui est ce que nous appellons mousselines doubles, des doreas, qui sont des mousselines rayées, des tanjebs qui sont des mousselines serrées, des amans qui sont des toiles de cotton tres-belles, mais qui ne sont pas si fines que les sanas qu'on tire de Ballasord ; des pieces de mouchoirs de soye, de cotton, & de malle-molles & autres diverses sortes de toiles & pieces de cotton, dont je ne parlerai ny du prix ny de la qualité, je dirai seulement qu'à Daca qui est un lieu éloigné de la Loge d'environ 100. lieuës, il s'y fait les meilleures & les plus belles broderies des Indes, soit en or, argent ou soye. Et c'est de-là que viennent les stinquerques & les belles mousselines brodées qu'on voit en France.

C'est de Patena que la Compagnie tire du salpêtre, & c'est aussi en ce lieu où se cüeille l'Opium dont il se fait un grand commerce dans tout le Levant. L'Opium est un simple qui aproche beaucoup du pavot, la maniere de faire celui qu'on nous aporte, est de couper la tige, d'où il distile un petit lait semblable à celui du pavot, qu'on laisse cuïre au Soleil & qu'on amasse ensuite pour l'envoyer de tous côtez.

Bengale est un Royaume sous la domination du grand Mogol, qu'il a subjugué depuis plusieurs années. Autrefois il n'y avoit que des Gentils; mais depuis que les Maures s'en sont rendus les maîtres il y en a plusieurs. Dans le Gouvernement de l'Etat, les Maures ont beaucoup de politique, mais ils ne sont pas bons soldats, & c'est ce qui les fait regarder comme s'ils étoient une des dernieres Nations du monde.

Les Bengalistes n'entrent que tres-rarement dans les affaires publiques.

Les Maures sont Mahometans, & le Mogol est un Empereur qui est fort grand Terrien : celui qui possede aujourd'hui cet Empire, est âgé à present de prés de 80. ans. Il est monté sur le Trône dés l'âge de vingt-trois, aprés en avoir dépossedé son pere & ses trois freres : tous quatre ensemble firent la guerre à leur pere & le détrônerent : il se fit ensuite un parti de deux contre deux, & d'un contre un, de maniere qu'il resta seul victorieux & paisible possesseur de l'Empire ; si-tôt qu'il eût mis tous les ordres necessaires pour se conserver sa Couronne, il resolut de s'emparer de Bengale. Les Bengalistes vivoient dans une si grande oisiveté & non-chalance, qu'il les dompta facilement, & il leur a imposé un joug si pesant, qu'ils auront peine à s'en relever.

Cet Empereur est fort vieux, & comme il craint qu'on ne luy ravisse la Couronne, il envoye ses enfans dans des Gouvernemens éloignez de luy, & luy-même ne loge jamais que dans un Camp volant qu'il a toûjours composé de cent mil hommes, & il ne reste jamais dans un même lieu plus de trois mois. Il a plusieurs Rajats qui sont des Vicerois & Gouverneurs de ses Provinces, auſquels il donne des Doüannes à recevoir & qui ſelon le revenu doivent entretenir le nombre de chevaux qui leur eſt ordonné. Ces Rajats doivent être toûjours prêts à marcher aux premiers ordres que le Prince leur envoye.

La Loy Mahometane eſt ſi connuë en France, que j'ai pris le parti de ne parler que de celle des Gentils. Je ne cherche uniquement, que le plaiſir de ſatisfaire la curioſité des perſonnes qui aiment à entendre parler des Païs éloignez, & il y en a tant qui ont parlé de cette Loy Mahometane, que je craindrois ennuyer le Lecteur, ſi je l'entretenois là-deſſus. Les Maures ſont Mahometans & les Bengaliſtes ſont Gentils.

Tous les Gentils reconnoiſſent un premier être, & cette connoiſſance eſt ſi naturelle qu'il eſt impoſſible d'en pouvoir douter. Les anciens Auteurs nous font connoître que dans quelque aveuglement qu'ayent esté les Peuples, pas un n'est disconvenu de cette verité. Ciceron, cet Orateur si fameux, en traite à fond dans son Livre de la nature de Dieux, & il en apporte de si fortes preuves, que l'on ne peut raisonnablement s'opposer à une verité si constante.

Outre ce premier Estre, les Gentils adorent plusieurs Divinitez, qui sont toutes differentes de celles dont il est parlé dans l'Histoire Poëtique; ils adorent le fleuve du Gange, une certaine Déesse qu'ils appellent Caltia: cette Déesse est celle de la guerre; c'est pourquoi pour marquer sa grandeur, ils la dépeignent ayant sept têtes, qu'ils arment de casques; & pour faire connoître son courage & sa valeur, ils luy donnent quatorze bras qu'ils arment de sabres, de fléches & d'arc; ils ornent cette figure de toutes les differentes sortes de fleurs qu'on trouve dans les Païs, & elle est peinte de tous côtez & parée de tout ce qu'il y a de plus beau; ainsi dans ses beaux ornemens & dans ses belles parures, elle est exposée à la veuë du public pendant un mois; pendant lequel temps chacun luy va faire des offrandes, les uns luy portent des coris, les autres des fruits, les uns du poisson, les autres du ris ou de l'huile. Enfin ces pauvres Payens offrent à cette Idole tout ce qu'ils ont de meilleur, & se font honneur de luy sacrifier tout ce qu'ils ont de plus précieux; aprés que chacun a fait son offrande, les uns se mettent à dancer & les autres à joüer, de maniere que pendant tout le temps qu'elle est exposée, ce ne sont jour & nuit que dances & jeux, autour d'elle.

dans les Indes Orientales. 85

Mais aprés que le temps de l'exposition est fini, cette Idole est promenée le long du Gange, ensuite on la met dans un Bateau, qu'on place au milieu de tous ceux qui sont pour l'accompagner ; & enfin aprés qu'on luy a fait faire quelques tours sur l'eau, on la jette dedans avec tous ses ornemens ; & comme cette figure est faite de mastic, elle va aussi-tôt à fond, & elle va, disent-ils, se reposer avec le Gange: cette ceremonie se pratique tous les ans, c'est pourquoi dans chaque année on en éleve une nouvelle, à laquelle on fait les mêmes honneurs & qu'on jette pareillement dans le Gange.

 Ces Payens venérent tellement les vaches, que c'est un crime parmi eux, d'en tuër, & même de toucher à une qui auroit esté tuée : & dans les chemins, on en voit des representations qu'ils appellent

Pagodes, ausquelles ils vont quelquefois faire des vœux. Comme ils croyent en la Metampsicose, ils évitent de manger presque de tout ce qui est défendu par Pitagore. Ainsi ils ne vivent que de ris & que de poisson cuit à l'eau pure, & dans les meilleurs repas ils y ajoûtent des papées qu'ils font cuire dans les cendres, & quand le tout est bien mêlangé ensemble, ils jettent par dessus un peu d'huile & de moutarde, n'usans jamais de sel, de poivre ny d'autres choses semblables.

Ils ne mangent jamais ensemble, mais ils ont chacun leur portion à part, les uns des autres : ce sont des feüilles de bananier qui leur servent d'assietes & de serviettes, la terre leur sert de table, & ils ne s'assient jamais : ils font cuire leurs ris dans une panelle, qui est un plat fait de terre, & ils se servent souvent des bouses de vaches, qu'ils font sécher au Soleil qu'ils jettent ensuite sur leur feu, & par là ils prétendent que ce qu'ils font cuire est beaucoup plus purifié.

Avant que de faire cuire leur ris, ils font un cerne au milieu duquel ils allument du feu : comme ils sçavent que nous mangeons toutes sortes de viandes ou plûtôt de tout ce qui a vie, ils nous croyent, & toutes les Nations qui vivent comme nous, si impurs, que quand nous passons au milieu de ce cerne, leur ris, fût-il prêt à manger, ils le jetteroient pour en faire cuire d'autre dans une nouvelle panelle, ayans la coûtume de n'en faire jamais servir une deux fois.

Le soir & le matin & avant chaque repas, ils vont se laver au Gange pour se purifier, disent-ils, je sçai cela pour avoir pris plusieurs fois plaisir à l'éprouver au bord du Gange, soir & matin on voit en se promenant tous ces Gentils qui se lavent tout le corps, & qui ne manquent jamais d'en faire autant avant de manger afin de se purger de toutes leurs impuretez; & si aprés s'être lavez, quelque personne des Nations qu'ils croyent impures, les touchoit, ils y retourneroient autant de fois qu'on les auroit touchez aprés s'être lavés, & mourroient plûtôt de faim que de manger avant.

De temps en temps il se fait parmi les Gentils des réjoüissances qu'ils appellent Tamachars. Ces réjoüissances se font en l'honneur de leurs Dieux, & pour cet effet ils habillent plusieurs petits enfans qui les representent sous differens habillemens. Ces enfans marchent en ordre & chacun tient son rang selon le Dieu qu'il represente, & afin que la Feste soit plus

plus celebre, cela ne se fait qu'au soir, ces petits enfans sont au milieu de l'Assemblée, qui va rendre hommage au Gange; autour d'eux ce ne sont que flambeaux qu'ils apellent Mansalles, & ce ne sont que dances, que sauts, & chacun s'étudie à montrer son allegresse; si bien que pendant la nuit autant loin que se puisse porter la veuë, on ne voit qu'illuminations, & l'air est tout rempli d'exclamations.

Au mois de Mars ou plûtôt pendant la Lune de Mars (car dans les Indes on compte les années par Lunes) il arrive la Fête de Tripigny, c'est un Dieu enfermé dans une maniere de petite Mosquée, qui est dans le milieu d'une tresgrande pleine qui tire son nom de ce Dieu, cette pleine est au bord du Gange : tous ces Gentils ne manquent point d'aller faire leurs offrandes à ce Dieu, & chacun y va à son tour. Car cette Fête est tres-célébre parmi eux.

Avant de se presenter ils se vautrent dans la vase pendant une heure entiere, & tout vautrez ils s'embrassent les uns avec les autres, & ensuite ils vont se laver au Gange; & aprés qu'ils se sont bien lavez ils vont à la Mosquée, ou plûtôt à la Pagode (car c'est ainsi que leurs lieux sacrez s'appellent.) Là les uns presentent des bananes, les autres du coris, du ris, ou autres choses semblables ; il y a toûjours deux Brames qui sont les Souverains Sacrificateurs & interpretes de la Loy ; c'est la premiere castre parmi eux, c'est-à-dire, qu'elle est parmi eux ce que la Tribu de Levi étoit parmi les Hévreux.

Cette Pagode n'a rien de remarquable que deux œufs de pierres placez dans une cuvette qu'ils disent être pondus par leur Dieu:

ces œufs se roulent facilement, & ce qui les surprend, est qu'on ne peut les enlever.

Chacun garde religieusement sa castre, qui est ce que nous appellons parmi nous état, condition, ou profession, & c'est un crime de passer d'une castre à une autre : ainsi les enfans d'un marchand, d'un artisan, d'un medecin, le sont de pere en fils. Il y a plusieurs personnes parmi les Européens, à qui cette loy n'auroit pas esté favorable : il est vrai qu'on ne doit point blâmer la fortune, lors qu'elle se trouve dans un sujet qui le merite ; mais si elle ne favorisoit que ceux qui en sont dignes, tel qui se voit pour ainsi dire, accablé de ses bienfaits, ne s'en trouveroit jamais que tres-éloigné.

Il n'est donc pas permis à un Gentil d'augmenter sa condition, car toute la castre s'y opposeroit; ni de descendre, sans être reputé infame ; ainsi dans chaque castre on se marie les uns avec les autres, & dans chaque castre on se soûtient les uns & les autres.

Belle leçon pour les Chrêtiens, qui meriteroit une serieuse attention! Nous sommes tous freres, nous le confessons, mais nous n'en suivons pas les maximes, & loin de se soûtenir les uns & les autres, combien voit-on de freres & même de peres & de fils, qui ne cherchent que la destruction de leur propre sang ; aprés cela ne nous étonnons point des malheurs qui arrivent, mais benissons le Ciel pour qu'il appaise son juste courroux.

Leurs mariages se contractent dés l'âge de trois ans : ceux qui sont sur le Gange y vont pendant quinze jours s'y promener dans des Bateaux : les parens des deux côtez s'assemblent pour cela tous les soirs : le marié & la mariée sont couronnez de fleurs & font placez au milieu de l'assemblée; & pour animer les esprits & les porter à la joye, ils ont des tambours, des trompettes, & des clinquants, & le tout étant mêlé avec leur voix, fait un tres-bon charivary.

Les trois dernieres soirées de la quinzaine, toute la troupe soupe dans un même endroit, & la derniere aprés le repas, les peres & meres emmenent chacun de son côté son enfant, & ne les joignent ensemble qu'aprés qu'ils ont atteint l'âge de douze ans.

Ceux qui sont dans les terres éloignées du Gange, s'ils sont des premieres castres, ils se font porter dans des Palanquins, & une partie va à cheval observans les mêmes ceremonies dont j'ai cy-dessus parlé. Une fille ne se marie jamais qu'une fois, & si elle a le malheur de perdre son mary dés son bas âge, elle doit garder parmi fa caftre un continuel veuvage : mais s'ils ont vêcu long-temps enfemble & que le mary vienne à mourir, on oblige fa femme à fe brûler toute vive avec lui.

Autrefois cela fe pratiquoit plus communément, mais les Maures qui font les maîtres & qui les tiennent tous en efclavage, ne veulent pas leur permettre cette inhumanité, ou du moins que tres-rarement. Ainfi aprés qu'ils ont pû obtenir la permiffion, ils dreffent alors un bucher, à l'entour duquel toute la caftre eft prefente; la femme qui fe doit brûler eft couronnée de fleurs, & on luy laiffe tous fes joyaux appellez brinquilles dans le Païs : On la pare de fes plus beaux habits, & afin de luy diffiper l'idée affreufe de la mort, on lui fait boire d'une liqueur qui l'extravague ; on la lie enfuite à deux perches appellez bambous, & on met le cadavre du défunt defsus le bucher la face en haut, & la femme dessus ce cadavre la face en bas. La castre y met aussitôt le feu, & quand tout est bien consommé, on amasse soigneusement toutes les cendres que la castre porte ensuite en Sacrifice au Gange, aprés quoi elle fait des réjoüissances pendant quinze jours, pour en célebrer davantage la fête.

Mais si l'apprehension de la mort fait retirer cette femme du feu, elle est bânie pour toûjours de sa castre, & celui qui le premier au sortir du bûcher peut mettre la main dessus, de quelque Nation qu'il soit, comme étant reputée infame, elle luy appartient en esclavage; mais sa castre loin de se réjoüir, se retire en plaignant l'affront qu'elle vient de recevoir, & en garde le deüil pendant un mois. Ceux qui ont le moyen, se font brûler ainsi, mais pour ceux qui ne l'ont pas, on porte seulement leurs cadavres dans le Gange; ou on en voit quelquefois paſſer juſqu'à quarante par jour, & voilà pourquoi j'ai dit cy-deſſus que ſans toutes les bêtes carnacieres qui ſont à Bengale, on y auroit ſouvent la peſte: car outre cela de toutes les bêtes qui meurent, ils n'en enterrent pas une.

Lors qu'un Bengaliſte eſt malade ſans eſperance d'en relever; ſa famille l'oblige à demander d'être porté au bord du Gange pour le purifier davantage, & quand il y eſt une fois, on ne luy donne plus rien à manger: il y a ſeulement prés de luy un Faquer, c'eſt-à-dire, un Prêtre de leur Religion, qui luy jette de l'eau ſur le corps pour le rendre plus pur, & qui demeure à ſes côtez juſqu'à ce qu'il ſoit expiré.

Mais ſi-tôt qu'un malade eſt expoſé au bord du Gange, il eſt regardé comme mort: car quelque bonne

dans les Indes Orientales. 97
bonne suite que puisse prendre sa maladie, on n'y peut plus apporter du remede. Aussi la famille ne peut pas de son autorité exposer le malade, car il faut qu'il le demande; mais comme ils croyent en la Métampsicose, l'esperance qu'ils ont par là d'aller dans un bon corps, les fait negliger la vie; heureux si dans nôtre Religion, nous pouvions nous resoudre à quitter ainsi cette vie humaine, non pas pour chercher un faux bien perissable, mais une beatitude éternelle.

Si-tôt que le malade est expiré, tous ses parens viennent gémir autour, & luy demandent pourquoi il est mort; & s'il n'avoit pas du ris, du poisson, du fruit, dont ils en servent autour de luy & en envoyent pendant quinze jours dans la place où il est expiré.

Ce qu'on appelle Faquers sont une castre particuliere tirée des autres, c'est-à-dire, que ce sont plu-

I

sieurs hommes qui pour expier les crimes qu'ils ont commis, se jettent dans une continuelle penitence, afin qu'après leur mort leurs ames puissent aller dans un corps plus élevé. Quoique ces Faquers soient de grands fripons, ils font cependant des jeûnes & des vœux qui passent l'imagination, & je ne puis y faire reflexion qu'en accusant cette mollesse, & cette non-chalance dans laquelle nous vivons : car enfin que ne devrions-nous pas faire en comparaison de ces malheureux ? Ce n'est qu'une raison humaine qui les fait agir, & nous qui sommes éclairez de la lumiere Divine, & qui devons être persuadez de la verité des promesses qui nous sont faites, ne devrions-nous pas avoir honte que des Payens nous montrent un chemin que nous n'avons pas le courage de suivre ?

Comme les Bengalistes croyent

dans les Indes Orientales. 99

en la Métampficose, lors qu'ils ont commis quelques crimes, pour apaiser la colere du premier Eftre, ils font diverses penitences, dont la plus grande s'appelle *virvir*, par allusion à nôtre langue, elle s'exerce tous les ans pendant la Lune d'Avril, & par sa description on connoîtra facilement qu'elle est une des plus rudes qu'on puisse inventer.

Ceux qui veulent faire le virvir se presentent aux préposez pour l'execution; on les prend, & aussi-tôt on les larde de plusieurs éguilles d'emballeur; deux hommes ensuite en enfilent deux qu'ils passent aux deux côtez dans la chair, & tiennent chacun les deux fils par les deux bouts; le penitent va & vient, de sorte que ce fil tranche la chair, l'on peut facilement s'imaginer les maux que cause un pareil supplice, mais ce n'est rien encore, car on luy perce ensuite la

I ij

langue d'une broche longue de trois pieds, de maniere qu'on voit un homme tout couvert de grosses aiguilles, une langue tirée & percée d'une broche dont la pointe d'en haut & celle d'en bas, ont chacune un pied & demi.

Dans cet appareil, il est enlevé par deux crocs attachez au bout d'une perche soûtenuë sur un pivot, au pied duquel il y a un homme qui tient une corde liée à l'autre extrêmité de la perche; cette corde sert à faire tourner la perche, & si-tôt que les crocs sont bien enfoncez entre les deux épaules du penitent, celuy qui est au pied du pivot commence à le faire virer, & c'est pour cette raison que nous appellons cette penitence virvir.

Comme le penitent tourne avec une grande vîtesse, il seroit à craindre que la pesanteur du corps ne fit manquer les deux crocs, & que la chair ne vînt à se déchirer;

dans les Indes Orientales. 101

pour prévenir cet accident, on lie cet homme à la perche par le milieu du corps avec un grand morceau de toile : car si les crocs venoient à manquer en déchirant la chair, l'homme tomberoit par terre ; & comme il est élevé assez haut & qu'il tourne avec vîtesse, il pourroit se tuër en tombant.

Comme l'excez de la douleur & la vîtesse dont on le vire, font souvent évanoüir le penitent, on luy met entre les mains qu'il a liées ensemble, une maniere de roseau de fer, au haut duquel il y a du feu sur lequel on jette de l'encens & autres parfums, pour empêcher l'évanoüissement; & si-tôt que ces parfums commencent un peu à cesser, on en jette d'autres, & on continuë jusqu'à la fin; mais quand on s'aperçoit que les parfums n'ont pas assez de vertu pour l'empêcher de s'évanoüir, on luy jette de l'eau fraîche, afin de reveiller

I iij

les esprits, mais ces tourmens sont si rudes, qu'on en meurt quelquefois par l'excez de la douleur.

Si-tôt que le temps reglé pour le virement est passé, on décend cet homme, & chacun vient luy faire la reverence, il est regardé comme l'ami des Dieux, on luy fait de grosses aumônes, & toute l'assemblée le conduit dans la maison d'un Brâme au milieu des acclamations. Aussi-tôt qu'il y est arrivé, on l'oingt d'un baume qui le guerit en deux jours : si bien qu'en peu de temps il ne luy reste plus qu'une idée de tous les maux qu'il a soufferts : que nous trouverions peu de Chrétiens, si ce saint nom coûtoit si cher, & que le nombre des fideles paroîtroit petit ! Souvent on se pare de ce nom, tel qu'un domestique interessé se pare de celui de son maître ; pendant que la fortune luy rit, ou plûtôt pendant que son maître ne le met point à l'é-

dans les Indes Orientales. 103
preuve, on ne peut point connoître la fausse affection de ce serviteur ; mais lors qu'on luy en demande des marques, c'est alors qu'on connoît visiblement la fausseté de son zele. J'aurois icy une matiere ample à m'entretenir sur les abus qui se commettent dans nôtre Religion, mais je voyage & je ne moralise pas.

Ceux qui font la penitence dont je viens de parler, sont des gens de la derniere castre : ils la font pour deux raisons, la premiere, pour gagner de l'argent, dont ils sont tres-amateurs, & la seconde, pour meriter auprés des Dieux, afin qu'en mourant ils envoyent leurs ames dans un corps de la premiere castre ; car c'est une grande misere que d'être de la derniere : ceux qui en sont, on les regarde comme les reprouvez des Dieux, de maniere qu'ils n'oseroïent même approcher de ceux de la premiere, ce sont eux qui sont destinez pour les choses les plus viles, & qui sont les serviteurs des autres.

Ceux des premieres castres, lors qu'ils ont commis quelques crimes, pour appaiser la colere des Dieux, qui aprés leur mort envoyeroient leurs ames dans des corps de la derniere castre, gagent des gens pour faire des penitences, afin de les prier de leur conserver la vie, & d'envoyer aprés leur mort leurs ames dans un corps de la même castre.

Pendant la Lune de May, il se fait une grande ceremonie parmi les Gentils; ils placent sur un Char un Dieu & une Déesse, qu'ils disent être l'homme & la femme : ce Char est traîné par plusieurs personnes, & c'est un honneur parmi eux qu'un chacun envie : tous ceux devant lesquels ce Char passe, se prosternent à terre, en faisant de grandes excla-

dans les Indes Orientales. 105
mations, & même plusieurs des dernieres castres se jettent sous les rouës pour être écrasez, cherchant par ce genre de mort à finir une vie qui ne peut que leur être ennuyeuse, & esperans qu'en mourant ainsi, les Dieux les favoriseront, & qu'ils auront pitié de leur misere.

Les Indiens sont tres-sobres & sont d'une grande mollesse. Chacun cependant observe exactement sa Religion; ceux des Gentils qui sont éloignez du Gange, en font venir de l'eau dans des bouteilles, & ils s'en jettent sur le corps aprés s'être lavez dans une riviere ou dans un bain; ils aiment passionnément l'argent, qui n'est pas tres-commun dans les Indes; & ils en sont si avides, que pour tres-peu il n'y a rien qu'on ne leur fasse faire, ny de tourmens qu'on ne leur fasse endurer; ainsi on ne doit point s'étonner si ces malheureux s'exposent à souffrir les tourmens dont j'ai parlé cy-dessus.

Depuis que le grand Mogol s'est rendu maître de Bengale, les Bengalistes ne possedent rien en propre, mais ils cultivent les terres à moitié, & les tiennent des Princes, en payant une certaine rétribution : comme les Maures pillent tout ce qu'ils ont, ils ne se mettent pas beaucoup en peine d'amasser du bien, & lors qu'ils ont quelque argent, ils le cachent en terre : cependant ceux des premieres castres, comme les Baignans, qui sont des Marchands tres-riches, pour se garentir d'être pillez, ils font une pension à quelque Favori de l'Empereur qui les protege, & quelquefois même ces Favoris s'associent avec eux, afin d'être mieux en état de survenir aux grandes dépenses qu'ils sont obligez de faire.

Les Maures portent un Turban à la teste, ont une Cabaye qui les prend, comme pourroit faire une robe de chambre, un calſon, des ſandalles aux pieds qui ſont toûjours nuds, les cheveux coupez & une grande barbe. Les Gentils qui ont les facultez, ſont auſſi ainſi habillez, & on ne les diſtingue qu'en ce que les uns portent une marque au front faite en croiſſant. Les uns l'ont rouge, les autres jaune ou blanche : il y en a d'autres qui ſe frottent le front, les uns de terre jaune, les autres de terre blanche, le tout pour ſe diſtinguer les uns des autres ; les Faquers ſe frottent les cheveux & tout le corps de bouſes de vaches, comme étant une choſe bien pure parmi eux.

Les Maures n'ont rien de tout cela, mais pour marque d'honneur, ils portent une rondache qui leur ſert de bouclier, ont un ſabre à la main, & un poignard pendu à leur ceinture, ce qui n'eſt pas permis aux Gentils. Comme les Maures sont d'une grande jalousie, ils ont des serails dans lesquels ils tiennent leurs femmes étroitement enfermées; & ils portent souvent même leur jalousie si loin, que si quelques-unes d'entr'elles avoient regardé un homme, ils la poignarderoient sur le champ, & si un homme avoit fait la moindre démarche pour en visiter quelques-unes, ils chercheroient toutes les occasions possibles de le pouvoir assassiner.

Les Gentils ne sont pas d'une même jalousie; car leurs femmes, quoique tres-luxurieuses, ce qui est un peché commun dans les Indes à cause de la grande chaleur, sont en pleine liberté; celles qui sont des premières castres, ont comme une demie chemise qu'elles aplent bajous, elles huilent leurs cheveux, elles ont une serrasse qui est comme une écharpe unie, dont elles se couvrent la tête, & dont elles se servent lors qu'elles sortent ; cette serrasse leur pend pardevant jusqu'aux genoux, & leur cache tout le visage ; elles ont avec cela une juppe qui pend jusqu'en bas, elles portent aux bras & aux jambes des brinquilles, comme nos Dames y portoient autrefois leurs brasselets.

Ces brinquilles sont des perles, anneaux d'or & d'argent, diamans, & autres pierres précieuses, elles ont les jambes nuës & ne portent que des sandalles ; la plus grande partie d'entr'elles se font percer le nez du côté droit seulement, comme nos Dames se font percer les oreilles.

Celles qui sont des dernieres castres n'ont que des brasselets de corail, qu'un seul morceau de toile qui leur couvre les cuisses & leurs nuditez, vont nuds pieds ; on leur voit des mamelles pendantes, qui sont longues comme des pains de sucre renversez, dont elles allaitent leurs enfans par dessus l'épaule, étant la maniere des Indiennes de les porter tout nuds & de les alaiter ainsi.

Les hommes qui sont de la derniere castre vont aussi tout nuds, ils ne se laissent sur le sommet de la tête qu'un toupet de cheveux; ils n'ont pour tout habit, qu'un petit morceau de toile qu'ils apellent langoutis, avec lequel ils cachent seulement leurs nuditez; & dans ce bel équipage ils vont passer des journées entieres à fumer du tabac, dans des gargoulis, qui est aux Indiens la maniere de fumer; comme ces malheureux sont souvent reduits à une extrême pauvreté, ils vendent quelquefois leurs enfans dont on en fait des esclaves.

On trouve dans les Indes des femmes mistis, c'est-à-dire, sorties d'un sang Européen & d'un sang Indien; ces femmes sont luxurieuses à l'excez, & se prostituënt d'une maniere honteuse, elles sont tres-laides, d'un air ridicule, & cependant tres-amoureuses, les unes s'habillent à l'Indienne, les autres à la Portugaise. Comme les Portugais sont les premiers de l'Europe qui se sont établis dans les Indes, on y trouve plusieurs de ces Mistis qui en sont sorties.

Les Indiens mangent peu & travaillent de même; & leur humeur entierement opposée à celles des François, est d'un tres-grand flegme; quelque ouvrage qu'on leur donne, ils l'imitent parfaitement bien, & les ouvriers y sont à tres-bon-marché; les Maures ne gaignent par jour que deux ponis, qui sont deux sols, & les Gentils n'en gaignent qu'un & demi, dont ils entretiennent leur famille. Ainsi il ne faut pas s'étonner si les étoffes sont à si bon marché; cependant elles seroient encore d'un plus bas prix, si avant que de les acheter, elles ne payoient pas tant d'impôts : les ouvriers sont d'une si grande mollesse, que s'ils gagnoient davantage, ils ne travailleroient pas tant; car lorsqu'ils ont dequoi vivre, ils se reposent jusqu'à ce qu'ils soient obligez de travailler pour avoir le necessaire. Ce qui est une chose digne de remarque, c'est qu'ils mangent pour plusieurs jours.

Parmi les Gentils on en trouve qui ont tant de veneration pour leurs parens, que quelques menaces ou promesses qu'on leur fasse, rien ne peut les obliger à travailler autrement que comme leurs peres le leur ont enseigné; & quand on leur demande la raison pour laquelle ils n'ont pas suivi le modele qu'on leur a donné, ils répondent

dans les Indes Orientales. 113
pondent que leurs peres n'ont jamais travaillé autrement.

Comme la chaleur excessive empêche la circulation du sang, les Européens & les Mistis se font frotter, tirer & manier les bras, les jambes & toutes les parties du corps, afin d'aider à la circulation, & c'est ce qu'ils appellent se faire masser, autrement ils tomberoient dans des assoupissemens létargiques, dont on meurt souvent, si l'on n'est pas promptement secouru ; ce mal s'appelle mort de chien ; l'experience a fait trouver un remede qui est unique & tres-asseuré, c'est d'appliquer un fer chaud sous la plante des pieds, & ensuite les battre avec un batoir ou autres choses plates.

Pour horloge on se sert de garis, par lequel ils connoissent toutes les parties du jour : ce garis est un petit vase de cuivre percé par le bas, qu'on met dans un autre plus grand qui est plein d'eau ; le petit s'emplit lentement par son ouverture inferieure, & à mesure qu'il s'emplit, il s'enfonce dans l'eau ; & l'espace du temps qu'il est à couler à fond, s'appelle un point, autrement garis.

Comme Bengale est sous la Zone Torride, entre l'Equateur & le Cercle Tropique, les plus grands jours ne sont que de 14. heures, & les plus courts de dix; mais au lieu que nous divisons la journée en 24. heures, les Indiens la divisent en 60. points, & divisent encore le jour & la nuit en quatre quarts : il y a toûjours des hommes prés le garis qui veillent les uns aprés les autres, afin de prendre garde au vase, & si-tôt qu'il est à fond, ils frapent d'un marteau une cloche d'airain.

Comme il y a presque toûjours égalité de jours, en Février, Mars, Avril, Août, Septembre & Octo-

dans les Indes Orientales. 115
bre, le jour & la nuit font divi-
fez en 30. points, de forte que
le premier & le quatriéme quart
font de 8. points, le fecond & le
troifiéme de 7. feulement. Aux
mois de May, Juin, Juillet, Novembre, Decembre & Janvier,
les jours font de 36. garis pendant
les trois premiers mois, & les
nuits de 24. feulement ; mais pendant les trois derniers, les jours
ne font que de 24. & les nuits de
36. ainfi on diminuë ou on augmente de points les quarts de
chaque partie felon qu'il eft neceffaire.

L'execution de cette fonnerie
eft ennuyeufe & inutile : car pour
faire fçavoir qu'il eft 4. heures
paffées dans un des mois, où il y a
égalité entre le jour & la nuit, on
fonne trois coups, & aprés quelque intervalle on en fonne quatre pour faire remarquer que le
quatriéme quart paffe, & au der-

K ij

nier quart comme aux autres, aprés avoir sonné huit coups, ils sonnent encore les quatre quarts, qui font trente coups, & enfuite un coup pour avertir que le premier quart de l'autre partie paffe; il faut deux garis & demi pour faire une heure, fi bien que cinq points font deux heures.

Les Princes Maures & les perfonnes de qualité ne fortent jamais qu'ils n'ayent à leur fuite un garis, & c'eft une grande marque d'honneur parmi eux, lors qu'on a le droit de le faire porter. Le Mogol en a cependant accordé la permiffion à plufieurs Européens, & entre autres aux Directeurs de chaque Nation qui ont financé pour obtenir ce droit, de forte que quand ils marchent en ceremonie; ils font dans un Palanquin; le Pavillon de leur Nation marche devant; ils font entourez de deux à trois cens gardes, &

enfin le garis les suit, il ne faut pas s'étonner de cela : car le faste est necessaire dans les Indes, & si on agissoit autrement on en seroit plus méprisé.

Les Maures aiment assez la chasse; & les Princes prennent autant de plaisir à celle du tigre que nous en prenons à celle du loup : comme cet animal est tres-feroce, il se perd souvent des hommes à cette chasse. Les Indiens ne se servent que de fléches qu'ils tirent adroitement, & les armes à feu ne sont pas communes parmi eux, la poudre n'y revient neanmoins qu'à trois sols la livre, mais elle n'est pas si bonne que la nôtre, & quoiqu'ils ne sçavent ce que c'est que d'escrimer, ils manient cependant assez bien le sabre, & il ne leur manque que d'avoir du cœur pour être bons soldats.

On a long-temps commencé l'année au 21. de Mars ; Cesar ordonna qu'on la commenceroit au 1er jour de Janvier. Mais les Indiens la commencent le 21. Decembre, qui est le temps que le Soleil commence à retourner à l'hemisphere du Nord en se retirant de celle du Sud: ce jour-là est tres-remarquable parmi eux, par les presens qu'ils se font les uns aux autres.

Le dernier du mois d'Aoust nous aprîmes que le 27. du même mois les Anglois avoient perdu un Vaisseau de six à sept cens tonneaux qui venoit d'Europe, & qui étoit au travers de Mazulipatan, dont la perte étoit estimée prés de trois millions. Sur un Vaisseau il n'y a rien de plus à aprehender que le feu, & sur tout lors qu'on est en pleine mer. C'est par cette raison que l'on ne peut être trop exact à prendre garde au feu, & avoir des Officiers Mariniers prudens & sages. Ce Vaisseau fut brûlé sans qu'on ait pû le secourir, & de tout l'Equipage il ne s'est sauvé que douze Matelots, qui ont raporté que cet incendie étoit venu par la faute du Maître qui étoit allé au fond de calle pour tirer de l'eau de vie, & que tenant sa chandelle à la main il l'avoit laissée tomber dans le Vaisseau dans lequel il tiroit de l'eau de vie, qui prit feu, lequel se communiqua ensuite aux barriques, & de-là au reste du Vaisseau.

Au mois de Septembre les Danois perdirent aussi un Vaisseau qui venoit d'Europe : comme c'étoit à l'entrée du Gange, on eut assez de temps pour y envoyer de quoi sauver l'Equipage, l'argent & toutes les marchandises, si bien qu'il n'y a eu que le corps du Vaisseau qui a esté perdu ; dans cette occurence on fut même encore trop heureux ; quoique cette perte soit arrivée par la faute du Pilote Gauthier, qui ne fit pas assez bien orienter ses voiles.

Comme le Gange déborde tous les ans à cause des grandes inondations, notre Vaisseau ne pût arriver devant la Loge, qu'à la fin de Septembre, on ne commença la visite des marchandises qu'au mois de Novembre; & comme j'étois bien-aise d'en aprendre les qualitez, je pris plaisir de n'en pas manquer une: car naturellement je suis curieux & je veux sçavoir de tout. On commença les premiers jours de Decembre à faire le chargement du Vaisseau, & il sortit de devant la Loge pour aller au bas de la riviere le 15e. de ce mois.

Les Baignans, autrement dit les Marchands du Païs, le 21 de Decembre font des presens à chaque Officier des Compagnies qu'ils servent, & ceux qui servent la Compagnie de France n'y manquent pas. Le 22e. pendant la nuit il y eut un Officier de notre Loge qui fut

fut volé dans sa Maison. Comme il y a beaucoup de pauvreté, & de fainéantise parmi les Indiens, il y a aussi beaucoup de voleurs, & il y a tant de ces voleurs qu'on est même obligé d'avoir une patroüille pendant toute la nuit pour se promener autour de la Loge & des maisons circonvoisines.

Au mois de Janvier je me preparai à partir, & le 12ᵉ. je pris congé de M. & de Madame Dulivier, je le pris ensuite de la Demoiselle qui étoit passée avec nous sur le Vaisseau ; ces adieux ne pûrent se faire sans beaucoup de tristesse & de douleur. Pendant une traversée de six mois il se lie un certain je ne sçai quoi, qu'on sent ordinairement beaucoup mieux dans un adieu, & l'affection que j'avois pour Mr & Madame Dulivier, me les firent veritablement regretter.

Sur les onze heures du soir au

L

premier jujan, je m'embarquai dans un Basaras, avec cinq Officiers; outre ce Basaras nous avions avec nous deux Dingues, une qui nous servoit de cuisine & l'autre pour coucher deux de nos Officiers. Le 13. nous vîmes aprés dîner un gros Cailman qui estoit sur le sable, nous tirâmes dessus deux coups à balles sans avoir pû le blesser; nous en rencontrâmes ensuite d'autres petits qui ne nous donnerent pas le temps de les tirer; le 14. à 9. heures du matin nous nous embarquâmes sur le Bot appellé le Bengale; c'est une petite barque, & la Compagnie en entretient trois à Ballasord pour mettre & sortir hors du Gange ses Vaisseaux.

Dans notre chemin nous rencontrâmes plus de cinq cens bouries qui sont des grands Bateaux mal construits, & ces bouries étoient tous chargez de Faquers qui venoient de Sagore avec plusieurs autres Gentils; Sagore est une Isle où il y a une Pagode très-respectée parmi les Gentils, où ils vont en pelerinage, & où il y a deux Faquers qui y font leur residence.

Ces Faquers sçavent charmer les bêtes feroces qu'on y trouve en quantité, sans quoi ils seroient tous les jours exposez à estre devorez; on trouve dans cette Isle des tigres, des leopards, des chats tigrez qui sont gros comme un mouton, des cerfs, & une certaine espece de poules sauvages qui sont beaucoup plus grosses que les nôtres. Le 15e. sur les huit heures du matin, nous passâmes pardevant l'Isle de Galle qui est inhabitée, & où l'on trouve deux sortes de tigres, une grosse & l'autre plus petite, & où il y a de pareilles bêtes feroces & autres qu'à Sagore.

Nôtre Vaisseau n'étoit pas moüillé loin de cette Isle ; c'est pourquoi deux de nos Officiers voulurent y aller à la chasse pour y tuër quelques cerfs ; mais l'histoire raporte qu'ils entendirent un tigre : quelqu'uns cependant veulent que ce fut seulement une vision qu'ils eurent par quelques pas de tigre qu'ils aperçûrent ; ce qu'il y a de certain, c'est qu'ils se démonterent tellement & furent si troublez, qu'ils coururent une partie de cette Isle ; & si notre Capitaine n'eût pris la peine de les envoyer chercher, ils auroient esté en danger d'y rester. Aprés les avoir donc long-temps cherchez, on les trouva, & ils arriverent enfin à bord, mais dans un tres-mauvais équipage ; il est vray qu'on ne pût sçavoir d'eux la grandeur ny la grosseur du tigre qui les avoit si fort épouvantez, mais on remarqua facilement à les voir, qu'ils avoient souffert extraordinairement ; & comme le mal des uns fait souvent le plaisir des autres, loin de prendre part à leur infortune & de ce qu'ils avoient tres-peu mangé pendant toute la journée, on prit le parti de les railler. Et le lendemain quelques-uns leur ayans proposé une seconde partie de chasse, ils parurent si satisfaits de la premiere, qu'ils ne jugerent pas à propos d'en accepter une seconde.

Enfin sur les 11. heures du matin nous arrivâmes au bord du Vaisseau. Et l'Officier de la Loge qui étoit venu pour expedier le Vaisseau, n'arriva que le lendemain 16e. il travailla tellement pendant toute la nuit à ses expeditions, que le 17e. nous levâmes l'ancre : le 18. nous passâmes les bancs, & nous eûmes un vent si favorable pour cela, que le 19. dés le matin nous sortîmes du Gange.

L iij

Après que nous eûmes déjeûné, & bû à la santé du Directeur, de ses Officiers, & les uns aux autres; l'Officier de la Loge prit congé de nous & s'en retourna à Bengale avec le Pilote qui nous avoit sorti du Gange; ainsi nous nous vîmes en pleine mer de compagnie avec la Quaische, qui est un petit Bâtiment qui sert à porter des provisions de Bengale à Pondichery. Comme notre Vaisseau étoit bon voilier, nous ne tardâmes pas long-temps à laisser ce petit Bâtiment derriere nous. Le premier jour de notre départ nous fûmes assez heureux d'avoir bon frais.

Le lendemain 20. nous eûmes encore bon vent, le 21. il calma un peu au matin, & au soir le vent s'augmenta; l'Equipage prit aprés midy un gros requin, & le Capitaine prit aussi une tortuë.

Les tortuës de mer sont tres-differentes de celles de terre; car celles de mer ont une écaille plus claire, un bec d'aigle, & la chair n'en est pas si bonne, que celles des autres, mais elle est meilleure que celle des carlets : car dans ceux-cy la chair n'en vaut rien, & dans les autres c'est l'écaille. Le même jour nous vîmes plusieurs paillencus, qui sont des oiseaux tous blancs & qui sont de la grosseur d'un faisan; ces oiseaux n'ont qu'une grande plume à la queuë, & c'est de-là qu'ils tirent leur nom: j'ai mangé de ces oiseaux, j'ai trouvé que la chair sentoit le marécage, & qu'elle étoit si dure qu'elle ne valoit rien.

Le 22. nous eûmes calme, & nous vîmes ce jour-là quelques pichauts, mais il fraîchit sur le soir, & ce frais dura jusqu'au 26. depuis le 27. jusqu'au 29. nous eûmes bon frais, & à 10. heures du matin nous carguâmes toutes nos voiles, & mîmes en panne afin de sonder;

nous trouvâmes 64. brasses, & le lendemain 30. nous continuâmes nôtre route & nous sondâmes encore, mais nous n'en trouvâmes que 40. & la sonde prit du sable.

On se sert pour sonder, d'un gros morceau de plomb tiré en long, au haut duquel il y a une boucle pour attacher une corde, sur laquelle sont marquées les brasses, & au bas duquel il y a une concavité dans laquelle on met du suif battu, afin qu'en tombant cela puisse prendre du fond de la mer. Et c'est par là qu'on connoît quelle terre on aproche.

Mettre en panne, c'est pour arrêter le Vaisseau qui marcheroit trop vîte, & qui empêcheroit que l'on ne pût sonder; pour cet effet on serre toutes les voiles, & on n'en laisse que deux qui sont les deux huniers qu'on oppose l'un à l'autre, c'est-à-dire, qu'on les oriente l'un & l'autre d'une manière qu'ils prennent chacun vent contraire. Les personnes qui connoissent la manœuvre d'un Vaisseau, sçavent bien qu'un même vent peut faire marcher deux Vaisseaux l'un contre l'autre, & que cela ne vient que par la manière d'orienter les voiles : ainsi on comprendra facilement qu'une chose poussée en contrariété par deux forces égales doit demeurer avec moins de mouvement que si elle n'étoit poussée que par une seule.

Aprés midy nous moüillâmes à la rade de Pondichery, & si-tôt que nous eûmes moüillé nous saluâmes le Fort : comme il estoit trop tard, je ne pus aller à terre que le lendemain : car il est dangereux d'y aborder pendant la nuit à cause des brisants qu'on trouve tout le long de la Côte de Coromandel ; je ne fus pas plûtôt arrivé à terre, que j'allai saluër Mr & Madame Martin de qui je fus tres-bien reçû, & même d'une maniere tres-obligeante. Ensuite je rendis visite à plusieurs Officiers, avec lesquels je passai fort agreablement le temps que je séjournai à Pondichery : pendant mon séjour nous prîmes le plaisir d'aller à la chasse, & j'eus encore celui de voir une caravanne que faisoient des gens du Païs, pour célebrer une premiere entrée qu'un de leurs enfans faisoit à l'Ecole : cette caravanne dura trois jours, pendant lesquels il y eût de grandes réjoüissances.

J'eus aussi le plaisir de prendre pendant ce séjour deux cameleons. Le cameleon est un reptile un peu plus gros qu'un lezard verd, mais qui en a la forme : on sçait ce qu'il y a de particulier dans le cameleon, on remarquera cependant qu'il faut qu'il ait demeuré quelque temps sur la place, & qu'avant qu'il change de couleur, on s'aperçoit qu'il fait de tres-grands efforts, aprés lesquels la couleur sur laquelle il est, s'imprime tellement peu à peu sur sa peau, qu'elle ne differe point de la couleur de la chose sur laquelle il est placé.

Mes amis qui ne cherchoient qu'à me réjoüir, m'engagerent à m'aller promener avec eux : nous nous trouvâmes par hazard prés la maison d'une Dame Portugaise, chez laquelle nous rencontrâme quelques Officiers François qui y entroient, lesquels nous obligerent d'en faire autant ; entre amis on ne se refuse point, & sur tout dans un Païs ou ordinairement on doit se regarder comme freres. Si-tôt que nous fûmes entrez on commença la conversation, & parmi les Dames elle tombe assez naturellement sur la galanterie, & comme elle n'y manqua pas, nous eûmes chacun sujet d'en être contens.

Comme les Dames Portugaises sont assez libres en paroles, la conversation tomba sur la sagesse des femmes ; la Dame Portugaise prétendoit qu'il suffisoit qu'une femme n'eût point failli pendant qu'elle étoit avec son mary, pour être reputée sage ; mais un des Officiers qui étoient presens, soûtenoit le contraire, & ne pouvoit, disoit-il, suporter cette maxime qui s'étoit introduite parmi les Portugaises.

Pendant le séjour que je fis à Pondichery, j'apris que les Holandois armoient à Batavie plusieurs Vaisseaux : cependant lors que nous partîmes de France, la guerre n'étoit point encore declarée, & on ne la pouvoit préjuger que par les appareils qui se faisoient par toute l'Europe. Mais dans cette incertitude si-tôt que le Gouverneur eût appris cet armement, il jugea à propos de faire des chemins couverts, & pour diligenter ce travail, il fit cesser celui qu'on faisoit au nouveau Fort, dont il n'y avoit encore que deux Bastions de faits; toutes les Troupes à l'exemple de leur General étoient disposées à se bien défendre, en cas que les Holandois voulussent faire quelque descente, & le Gouverneur de son côté apportoit tous ses soins, pour que toutes choses fussent en état de soûtenir une attaque; car l'experience luy avoit fait connoître que le courage étoit quelquefois contraint de ceder à la force.

On a sçû que pendant les guerres passées, les Holandois avoient pris Pondichery, que la Garnison à l'exemple de son chef s'étoit défenduë avec beaucoup de courage, & que Sa Majesté ayant esté informée de la valeur & de la prudence dont Mr Martin avoit conduit toutes choses, malgré la perte de cette Place, l'avoit honoré de la qualité de Gouverneur, & qu'elle l'a fait ensuite Chevalier du Mont-Carmel.

La grande chaleur qu'il fait dans les Indes & le peu d'occupation qu'on y a, fait que souvent on s'y ennuye; nous sommes d'une trop grande vivacité pour mener une vie oisive; & comme le flégme n'est point notre humeur dominante, c'est pour cette raison qu'il faut que nous ayons toûjours quelque objet qui occupe notre esprit.

On prend beaucoup de thé & de caffé dans ce Païs-là, l'un & l'autre y sont à tres-bon marché, le caffé se sert le matin, & on prend ordinairement le thé, sur les quatre heures aprés midy. La chaleur excessive qu'il y a depuis que

dans les Indes Orientales. 135
le Soleil est monté jusqu'à la derniere periode de son élevation, assoupit si fort les sens, qu'on est obligé de faire tous les jours la meridiane.

Pendant tout le temps de mon séjour, je ne manquois point à faire ma cour à Madame la Gouvernante; & quoiqu'elle fût d'un âge un peu avancé, je me faisois un vray plaisir de joüir de sa conversation: dés le matin aprés la Messe j'allois prendre le caffé, & le soir aprés la meridiane je ne manquois pas d'y aller prendre du thé: il y avoit toûjours chez elle bonne compagnie, & on passoit le temps fort agreablement.

Le 6. de Février on tira le coup de partance. Je pris congé au matin de Mr & Madame Martin & des Officiers, & ensuite je m'embarquai dans une Dingue pour m'en aller au bord du Vaisseau. Le coup de partance avoit esté tiré dés la pointe du jour ; & quand un Vaisseau est une fois à la voile, on n'attend plus personne ; aussi tous nos Officiers n'avoient pas manqué de se ranger de bonne heure : car la crainte d'être obligez de rester les avoit rendus diligens.

On tire de Pondichery de tresbelles toiles de cotton blanches & peintes. Les toiles peintes qui sont les meilleures qui viennent de Muzulipatan, ont une qualité differente des autres, ce qui les fait aussi estimer beaucoup plus : car le fil en est meilleur, & plus on laye cette toile, plus la peinture devient belle ; celles qui en approchent davantage sont celles de Madripatan ; l'eau contribuë beaucoup à rendre une teinture bonne. Car les toiles peintes qu'on fait à Pondichery, quoique meilleures que celles qui se fabriquent à Bengale, sont toutes differentes

differentes de la bonté de celles de Muzulipatan, & cependant les ouvriers se servent des mêmes drogues.

Plusieurs des Officiers de Pondichery vinrent nous conduire jusqu'à bord : après que nous eûmes dîné, on fit la reveuë de l'Equipage, & la reveuë faite, nous bûmes à la santé de Mr & de Madame la Gouvernante, & les uns aux autres; on n'oublia pas aussi de boire à celles des deux Demoiselles, qui avoient passé sur le Vaisseau ; si-tôt que nous eûmes bû les santez, ces Officiers prirent congé de nous & s'embarquerent dans leurs Dingues pour s'en retourner chez eux. Comme nous n'avions plus nos deux Demoiselles, ils n'eurent pas tant de regret à nous quitter qu'ils avoient eû cy-devant. Les Dames possedent en elles-mêmes tant de charmes, & nous avons une inclina-

M

tion si naturelle pour ce beau sexe, que difficilement pouvons-nous resister à ses attraits.

Si-tôt que les Dingues eurent gagné le large, nous commençâmes à appareiller, & prîmes congé du Fort par 9. coups de Canon; mais le vent qui nous étoit contraire, nous obligea de rester jusqu'à deux heures du matin à Pondichery : il vient ordinairement chaque jour un vent de mer sur les trois à quatre heures du soir, qui rafraîchit beaucoup l'air, ce vent se change ensuite au matin; c'est pourquoi si-tôt que nous l'eûmes, nous ne manquâmes pas d'en profiter.

Depuis le 7e. du mois de Février jusqu'au 10. nous eûmes petit frais, & sur les deux heures aprés midy le vent s'augmenta, nous passâmes sur les 6. heures du soir par la hauteur de l'Isle de Ceilan. Depuis 11. jusqu'à 16.

nous eûmes bon frais, & du 16. au 17. nous passâmes la ligne avec bon vent : le 13e. nous avions vû au Sud un Vaisseau Hollandois, qui faisoit route au Nord-Oüest ; mais nous n'avions pû luy parler.

Le 17. le vent continua d'être bon, le 18. il calma un peu, le 19. nous eûmes plusieurs grains qui nous donnerent gros frais, le 20. & le 21. bon vent : mais sur les 10. heures du soir il vint un grain du Sud quart de Sud-Oüest, où nous avions le cap, c'est-à-dire, du côté que nous allions, lequel fit beaucoup travailler l'Equipage. Le Capitaine qui est un homme vigilant, craignant qu'il n'y eût quelque ouragant, jugea necessaire de faire sonner le tocsin, pour faire monter tous les Matelots, qui passerent toute la nuit à la manœuvre.

Il faut beaucoup d'ordre dans un Vaisseau, & sans cet ordre il seroit difficile qu'il échapât du naufrage. On divise l'Equipage en deux parties égales, la premiere s'appelle tribord, c'est-à-dire, du côté droit, & la seconde bas-bord qui est du côté gauche. Chaque journée est divisée en six quarts qui sont chacun de quatre heures, la partie de tribord fait le premier quart, c'est-à-dire, veille pendant les quatre premieres heures, & celle de bas-bord le second, & ainsi ces deux parties veillent successivement.

Pendant chaque quart il y a toûjours un Officier qui a le commandement, un Maître pour faire travailler l'Equipage, un Pilote pour gouverner le Vaisseau, & un Timonier pour manier la bare qui fait agir le gouvernail. Le Capitaine n'a point de quarts reglez, il ne veille qu'autant qu'il luy plaît & qu'autant qu'il le juge à propos, mais il a inspection sur tout le

Vaisseau, & personne n'a vûë sur luy : ce seroit un veritable plaisir de voir tous les mouvemens que fait l'Equipage par un gros temps, si le danger n'ôtoit cette satisfaction ; on voit courir les uns sur le gaillard de derriere, les autres sur celui de devant, une partie tient sa manœuvre en main, l'autre monte tantôt au haut des mats pour mettre une poulie, tantôt sur les vergues pour ferler les voiles. Enfin on ne voit que monter & descendre, tirer & noüer les cordages.

Lors qu'on est en danger il n'y a ny vent, ny pluye, qui exempte un Matelot, il faut qu'il marche au premier commandement de l'Officier du quart qui doit être present, & même un Capitaine vigilant n'y manque jamais pour donner ses ordres au Maître de l'Equipage qui les fait aussi-tôt executer. Ce Maître avec une grande barbe, & qui est ordinairement fort crasseux, tient d'une main une verge & de l'autre un siflet, l'un luy sert de corps & l'autre de foüet pour se faire obéïr.

Le vent est quelquefois si impetueux, qu'il emporte quelques-uns de ces pauvres miserables Matelots, lesquels on ne peut sauver: car alors la mer est si agitée, qu'aussitôt il est englouti dans les flots, & le Vaisseau est si tourmenté, qu'on ne veut pas s'exposer à perir tous pour vouloir en sauver un; c'est pourquoi on prend bien garde qu'un Matelot ne s'enyvre, quelque beau temps qu'il fasse: car on sçait que le vent n'a point de certitude, & qu'ainsi l'on doit se tenir toûjours sur ses gardes.

Le 22. & le 23. nous eûmes tresbon frais; & nous eûmes le cap en route, c'est-à-dire, que nous suivime nôtre route. Le 24. gros vent contraire, le 25. la lame étoit si grosse, qu'elle empêchoit notre Vaisseau de faire sa route : le 26. le vent se rendit plus favorable, & nous prîmes hauteur, & nous nous trouvâmes par le 16e. degré Sud.

La latitude est tres-facile à connoître ; on se sert ordinairement d'une fléche, sur laquelle sont marquez les degrez ; & pour la trouver il faut sçavoir le quantiéme du mois où l'on est, & combien en ce jour-là on a de declinaison de Nord ou de Sud, le tout selon la partie dans laquelle on est, & ensuite par une addition ou une soustraction, on connoît de combien on est éloigné de l'Equateur.

Pour la longitude on ne la sçait que par estimation, & si l'on avoit pû inventer quelque moyen pour la connoître aussi facilement que la latitude, on sçauroit toûjours précisément l'endroit où l'on est, il y auroit beaucoup plus de plaisir à naviger & beaucoup plus de certitude dans la navigation; le Pilote chaque quart examine le chemin qu'il a pû faire, & suivant son estime il juge les degrez qu'il peut avoir fait, & par-là il conclud s'il doit bien-tôt arriver ou non, cependant il se trompe souvent : car les courans emportent quelquefois son Vaisseau, tantôt à l'Est & tantôt à l'Ouest; c'est pourquoi le sage Pilote examine ce qu'il doit donner pour la dérive, & par la longue experience il connoît où doivent porter les courans du lieu où il est.

Nous commençâmes à courir l'Ouest, & depuis le 26. jusqu'au 1. Mars nous eûmes bon frais, il nous mourut ce jour-là un Matelot Holandois qu'on jetta dans la mer; lorsque quelque Matelot se laisse mourir en mer, si-tôt qu'il est mort l'Ecrivain du Vaisseau,
fait

fait un inventaire de toutes ses hardes & de ce qu'il peut avoir, dont il tient un Regiſtre & de la vente qui ſe fait ordinairement au pied du grand maſt, où tout l'Equipage eſt preſent, chacun ayant droit d'y mettre ſon enchere.

Le 2. & le 3. bon vent, le 4. petit frais, nous prîmes ce jour-là une bonite qui nous fit plaiſir à manger; quoiqu'on ſoit en mer on ne mange pas tous les jours du poiſſon frais: car quelquefois on eſt long-temps ſans pouvoir en prendre.

Le 5. calme & brune: le 6. bon frais & brune; le 7. continuation. Mais aprés déjeûné nous eûmes un grain qui nous obligea de cargüer toutes nos voiles; nous vîmes ce jour-là pluſieurs paillencus, deſquels j'en pris un avec mon chapeau. Le 8. bon frais, le 9. temps inconſtant & orageux, qui nous força de carguer encore toutes nos voiles & de les serrer.

Le 10. bon frais, mais comme nous avions ordre de n'arriver à Mascarin, autrement apellée l'Isle Bourbon, que le 15. du mois, nous ne voulûmes pas former de voiles : depuis le 11. jusqu'au 13. le mauvais temps nous obligea d'être à la cape, c'est-à-dire, que nous mîmes notre Vaisseau dans une situation qu'il ne pouvoit faire que tres-peu de chemin ; pour cet effet on serre toutes les voiles, on laisse seulement l'artimont qu'on borde, & on pousse la bare à tribord ou à bas-bord, c'est-à-dire, à droit ou à gauche : de sorte que le gouvernail gouverne d'un côté, & la voile qui prend un vent contraire gouverne de l'autre en s'opposant au gouvernail.

On met ordinairement à la cape quand un Vaisseau ne peut plus tenir le vent, & en panne lors qu'on veut seulement s'arrêter

dans les Indes Orientales. 147
pendant un vent reglé.

Dans ces parages nous vîmes une grande quantité d'oiseaux qu'on appelle robins cordonniers, qui sont d'une couleur ardoisée & gros comme des corneilles : le 13. nous eûmes bon vent : & le 14. il continüa ; à 4. du soir nous apperçûmes l'Isle Bourbon, comme nous ne voulions pas arriver pendant la nuit, nous mîmes en panne & fismes voile à quatre heures du matin, & quatre heures aprés nous moüillâmes devant S. Denis.

L'Isle Bourbon peut avoir 60. lieuës de circuit, cette Isle est toute remplie de tres-hautes montagnes dont une grande partie est inhabitée à cause d'un feu continuel, qui est entretenu par des mines de souffre, ce feu a déja brûlé prés de 10. lieuës de païs ; & la flamme est si haute, que pendant la nuit je l'ai vûë de 35. lieuës en mer. Cette Isle appartenoit au trefois à Sa Majesté, mais le Roy qui est un Prince qui ne cherche que l'avancement de ses sujets, a bien voulu l'accorder à Mrs de la Compagnie, qui y ont presentement un Gouverneur avec deux Officiers.

Les Vaisseaux de la Compagnie y vont ordinairement relâcher en revenant des Indes. On trouve dans cette Isle de tres-bonne eau, de bonnes volailles, des bœufs, des vaches, des cabrits, des sangliers, grande quantité de tortuës de terre qui sont tres-bonnes à manger : ces tortuës sont tres-propres pour servir de rafraîchissement à un Vaisseau, & entr'autre de long-cours où l'eau est beaucoup à ménager : car on ne peut aucunement boire de celle de la mer. Il est à remarquer que ces tortuës sont jusqu'à deux mois sans boire ny manger, & qu'elles n'en valent pas moins.

Il y a dans les montagnes une tres-grande quantité de gibier: on y trouve quelques chevaux sauvages dont les Habitans en élevent pour leur service; on y trouve aussi des lacs remplis d'une quantité innombrable de poisson. Dans les montagnes habitées on y recüeille du bled qui fait de tres-bon pain, des legumes, des herbes potageres; & on y trouve des dartes, des bananes & d'autres fruits qui se cüeillent dans les Indes.

Il n'y a point de vignes dans cette Isle, mais si on y en portoit, elles y viendroient facilement: car l'humidité ne l'empêcheroit pas de venir, & la terre y est tres-bonne. Les Creols de cette Isle font une boisson qu'ils appellent francorin. Cette boisson se fait d'un jus qu'ils font sortir des cannes de sucre qu'ils pressent pour cet effet, lequel jus ils laissent boüillir, comme nous laissons boüillir le vin aprés qu'il est entonné. Comme Mascarin est situé sous la Zone Torride, il y fait tres-chaud; mais l'air y est si sain & tout ce qui s'y produit y vient en si grande abondance, & est si bon, qu'une personen qui voudroit se séparer du grand monde pour mener une vie retirée, ne pourroit choisir un meilleur lieu & plus agreable que celui-là.

Les premiers qui ont habité cette Isle, sont des François Mistis qui s'y sont retirez aprés avoir esté chassez de l'Isle de Madagascard. Il y a trois Eglises dans l'Isle Bourbon, sçavoir S. Denis où demeure le Gouverneur & où la Compagnie a son Magazin, S. Paul & Sainte Susanne, lorsque nous y sommes arrivés, nous n'y avons trouvé qu'un Prêtre. Les Habitans demeurent au pied des montagnes, & leurs maisons sont toutes bâties de bois dont l'Isle est

dans les Indes Orientales. 151
toute remplie : j'y ai vû plusieurs pieds d'arbres qui avoient quinze pieds de circonference, dont les Creols en font des Canots pour aller pêcher en mer, en les creusant seulement.

Si-tôt que nous eûmes moüillé, nous saluâmes le Pavillon de 7. coups de Canon ; deux de nos Officiers allérent à terre saluër le Gouverneur, & luy donnerent un état des rafraîchissemens que nous souhaitions avoir, & ils s'en revinrent ensuite à bord avec luy ; il y coucha & le lendemain il fit lever l'ancre pour aller à S. Paul, où nous pouvions avoir plus commodément ce qu'il nous faloit ; nous moüillâmes si-tôt que nous fûmes en rade, & le Gouverneur donna ordre à ses gens qu'on allât chercher 200. tortuës qu'on nous apporta le lendemain au soir.

Ces tortuës se trouvent au haut d'une montagne qui en est presque toute couverte : autrefois cependant il y en avoit davantage, mais depuis qu'on a habité cette Isle, on en a beaucoup détruit. On prétend qu'une tortuë peut vivre jusqu'à trois cens ans, mais comme il n'y a pas long-temps qu'on habite cette Isle, on n'en peut donner aucune certitude. Cependant on en voit qui ont jusqu'à six à sept pieds de circonference, & les Habitans ont remarqué que pendant plusieurs années on a de la peine à connoître si elles ont grossi.

Elles ont un temps pendant lequel elles font leur ponte, & c'est le Soleil qui couve leurs œufs, comme il fait des tortuës de mer, la chair en est meilleure que celles de mer ; pendant prés de deux mois nous en avons vêcu, dont nous ne nous sommes point lassés, tant il y a plaisir d'en manger. Une chose assez digne de remarque, eſt qu'elles ſont chaque année quatre mois ſans boire ny manger, & que pendant les huit autres elles font leur ponte, & prennent dequoi ſe ſubſtanter pour les quatre autres mois.

Le Capitaine de ſon côté qui ne faiſoit pas moins de diligence, ne manqua pas d'envoyer ſa Chaloupe pour faire de l'eau, & le Canot à terre pour apporter des vivres, ſi bien que nous fûmes prêts à partir le. 18e. il eſt vrai qu'on ne peut faire une plus grande diligence: il auroit même eſté neceſſaire de reſter davantage, pour donner le temps à l'Equipage de ſe rafraîchir, mais comme on craignoit l'ouragan qui n'avoit pas encore paſſé, & qui vient tous les ans aux mois de Février ou de Mars, on ne voulut pas reſter davantage crainte de l'eſſuyer.

Pendant le 17e. & le 18e. il fit des pluyes ſans diſcontinüer, &

nonobstant cela nous fûmes prêts à partir au soir ; mais le vent nous manqua, & nous ne pûmes sortir que le lendemain 19e. Le Gouverneur qui s'en étoit retourné à terre avec le Capitaine & quelques autres Officiers, revint à bord, & tous nos Officiers aussi; nous soupâmes tous ensemble, & nous ne manquâmes pas à nous bien réjoüir : il prit ensuite congé de nous, & s'embarqua dans son Canot, & gagna ensuite au large.

Le 20. nous eûmes bon frais qui dura jusqu'au 22e. Le Capitaine qui prévoyoit la guerre, jugea à propos de faire jetter dans la mer plusieurs coffres qui embarrassoient les batteries de Canon: pour moi j'étois resolu à sacrifier le mien. Dans de pareilles occasions l'interest ne doit point nous conduire. Nous avions cependant quelques Officiers qui craignoient beaucoup, mais leur crainte étoit mieux fondée qu'auroit esté la mienne.

Le 23. le vent diminua ; le 24. nous eûmes calme tout blanc ; ce jour-là nous vîmes un oiseau gros & de la couleur d'une poule noire, lequel on appelle poupoule. Le 25. le vent fraîchit un peu ; & le 26. nous eûmes bon frais ; le 27. continuation, & nous mîmes aprés midy le cap à l'Oüest ; le 28. de même, le 29. nous eûmes calme, le 30. il fraîchit un peu, le 31. bon frais qui nous faisoit faire beaucoup de chemin, parce que nous avions vent largue.

Le 1er. Avril nous eûmes gros vent contraire, qui nous obligea d'amener toutes nos voiles, & de mettre bas les vergues & mats des perroquets ; le 2e. temps orageux & vent debout qui nous obligea de carguer encore toutes les voiles, d'amener bas la grande vergue, prendre un ris à l'artimont

& ensuite mettre à la cape, pour attendre un vent plus favorable.

Le 3. nous eûmes calme qui fit beaucoup rouler notre Vaisseau, dont fut beaucoup tourmenté; nous étions tres-alarmez, parce que la mer étant encore agitée, & le Vaisseau n'étant plus soûtenu pas ses voiles, il ne pouvoit resister à la lame. Dans ces occasions il arrive souvent qu'un Vaisseau s'ouvre, & qu'on se voit perir sans pouvoir y aporter aucun soulagement: car en pleine mer un Vaisseau ne craint point tant un gros vent, qu'un calme tout plate aprés gros vent.

Aprés midy le vent fraîchit un peu du côté du Sud, & enfin nous nous vîmes hors de danger; nous commençâmes à nous réjoüir un peu, pour tâcher à chasser le mauvais sang que nous avions fait. Sur un Vaisseau il ne faut point de melancolie, car une personne qui

dans les Indes Orientales. 157
en prendroit, ne tarderoit pas long-temps à tomber malade.

Le 4. nous fûmes obligés de prendre un ris aux deux huniers pendant le dernier quart. Le 5. on défit les ris & on mit dehors les perroquets. Le 6. petit frais; le 7. & le 8. tres-bon vent, & à minuit nous sondâmes, mais nous manquâmes à trouver fond ; à 4. heures du matin nous sondâmes encore, & nous trouvâmes 90. brasses; le lendemain 9. par la sonde nous apperçûmes avoir passé le banc des aiguilles ; nous vîmes sur ce banc plusieurs oiseaux qu'on appelle cormorans : ces oiseaux sont tous blancs, ils ont seulement les deux extrêmitez des aîles noires. Nous montâmes ce même jour tous nos Canons, pour être plus en état de nous défendre des Corsaires, lesquels pouvoient être prés du Cap de bonne Esperance.

Le 10. bon frais : & comme nous

avions doublé le Cap de bonne Esperance, nous chantâmes aprés la Messe le *Te Deum*, & nous commençâmes à courir le Nord-Oüest, au soir nous eûmes la satisfaction d'être tres-bien regalez en réjoüissance d'avoir doublé ce Cap: cela aida beaucoup à dissiper nos fatigues, & nous n'aurions pas esté fâchez que cette pratique fût plus souvent arrivée. J'ai remarqué que prés de ce Cap, on voit dans le Ciel deux marques blanches qui sont prés la voye lactée, que l'on ne voit point dans notre hemisphere.

Depuis le 11. jusqu'au 15. petit frais ; le 16. nous eûmes calme, & nôtre second voilier se trouva perdu ce jour-là : on a crû que s'étant ennyvré il s'étoit laissé tomber dans la mer : il nous mourut aussi le même jour un Matelot qu'on jetta dans la mer sur les 5. heures du soir: le 18. continuation.

Le 19. nous fûmes obligez d'avoir le Cap à l'Oüest Nord-Oüest: le 20. nous eûmes le cape en route & nous eûmes petit frais: depuis le 21. jusqu'au 23. bon frais ; & nous passâmes ce jour-là le Tropique du Capricorne ; le 24. calme, le 25. jusqu'au 28. bon vent ; & nous passâmes par la hauteur de Ste Heleine, qui est une Isle située par les 16. degrez Sud ; laquelle appartient aux Anglois, & c'est dans cette Isle où leurs Vaisseaux vont relâcher en allant aux Indes.

Depuis le 29. jusqu'au 4e. May nous eûmes bon frais, & nous passâmes ce jour-là par la hauteur de l'Assension, qui est une Isle située par le 8e. degré Sud, mais comme il n'y a point d'eau, les Vaisseaux n'y vont que quelquefois seulement, pour y prendre des tortuës qu'on y trouve en abondance, mais c'est selon la saison : & comme nous étions dans le temps que ces tortuës vont à terre, nous aurions bien voulu pouvoir aborder cette Isle pour en prendre quelqu'unes, mais nous ne pûmes la découvrir, quelque diligence que nous fîmes.

Dans cette Isle il y a une si grande quantité de gibier, qu'on le tuë à coups de bâtons. On y trouve aussi des cabrits, & même de-là on prétend qu'il y a eu autrefois des Habitans. Les tortuës qu'on trouve dans cette Isle, viennent de la mer, & ne vont à terre que pour y faire leur ponte: la maniere de les prendre est d'avoir deux ou trois hommes, qu'on fait coucher sur le sable au bord de l'eau sans faire du bruit, en attendant qu'elles sortent de la mer pour aller faire leur ponte dans le sable, dans lequel elles font un trou où elles laissent leurs œufs qu'elles couvrent de sables, & ensuite le Soleil les couve. Si-tôt que ces œufs sont éclos,
les

les petits s'en vont à la mer, mais la grande quantité d'oiseaux qu'il y a, en devore la plus grande partie : lors qu'on a vû donc passer le nombre de tortuës qu'on souhaite avoir, on doit s'avancer un peu pour les prendre, & à mesure qu'on les trouve il faut les tourner sur le dos, afin d'avoir le temps de pouvoir les embarquer dans la Chaloupe. C'est aux mois d'Avril & de May qu'elles font leurs pontes, & ainsi c'est dans ces seuls mois qu'on doit aller les prendre.

Le 6. nous commençâmes à voir l'étoile du Nord, & nous eûmes bon frais jusqu'au 9. sur le midy le vent diminua, & sur lamy-nuit nous passâmes la ligne. Le 10. petit frais, le 11. tantôt calme, & tantôt orage, dont notre Vaisseau fut beaucoup tourmenté ; le 12. & le 13. calme & pluye : cette pluye fit plaisir à notre Equipage, & les

Matelots ne manquerent pas d'amasser de l'eau: car dans un Vaisseau elle est reglée, & chaque Matelot n'en a qu'une pinte par jour, même quelque chaleur qu'il fasse on est contraint de s'en contenter.

C'est une triste vie que celle que mene un Matelot, lors qu'il est en mer, & sur-tout au retour d'un voyage de long cours, où les munitions sont toutes corrompuës. Tous les matins un Maître-Valet distribuë pour chaque plat une piece de viande pourie de sel, sept onces de pain à demi rouge de vers, & la tierce partie d'un demi-septier d'eau de vie mesure de Paris, à dîné autant, & à soupé de même avec autant de pain.

Le 14. jusqu'au 16. nous eûmes petit frais, cependant le 17. le vent fraîchit, le 18. il diminua, depuis le 19. jusqu'au 21. nous eûmes bon frais: le 22. sur les 10.

dans les Indes Orientales. 163
heures du soir nous mîmes à la cape, crainte de rencontrer une roche qui est par le 13. degré Nord.

Le 26. & le 27. petit frais; pendant le 28. & le 29. nous eûmes plusieurs grains, & suivant l'estime nous avions passé le Tropique du Cancer: le 30. nous eûmes bon frais, & nous trouvâmes la mer toute couverte de goismond.

Le dernier May continuation, & nous commençâmes ce jour-là, à blanchir notre Vaisseau & à le peindre, & mettre en état le Canot & la Chaloupe. Le 1. & le 2. de Juin nous eûmes petit frais; le 3. vent d'Oüest & le Cap au Nord-est ¼ Nord; le 4. petit frais, le 5. bon vent jusqu'au 8. le 9. & le 10. continuation. Comme nous ignorions la guerre & que nous la doutions, nous souhaitions beaucoup de pouvoir aborder quelques Isles des Açores, pour en apprendre des nouvelles, mais nous n'en

O ij

pûmes découvrir aucune.

Le 11. nous eûmes vent d'Oüest, & le 12. nous apperçûmes un Bâtiment Anglois auquel nous aurions bien voulu parler, pour apprendre des nouvelles positives de la guerre. A cet effet nous mîmes le cape dessus, & comme il faisoit toûjours voiles, nous luy tirâmes un coup d'assurance & mîmes Pavillon François; il répondit au coup de Canon que nous lui avions tiré, mais il ne mit pas son Pavillon. Ce procedé nous fit juger que nous avions la guerre, & nous connûmes à sa mâture que c'étoit un Anglois; nous luy tirâmes encore un coup d'assurance, mais comme il fuyoit toûjours sans répondre, nous luy donnâmes chasse depuis 3. heures jusqu'à la nuit close, & sur les 7. heures, nous luy tirâmes à bale un coup de Canon de 18. Le calme nous empêcha de pouvoir le joindre; dont il fût bienheureux : car nous l'aurions pris. Notre Vaisseau marchoit beaucoup mieux que luy.

Le 13. le vent fraîchit un peu, depuis l'aube du matin jusqu'à celle du soir. Dans un Vaisseau il y a toûjours deux Matelots à la découverte, & sur tout en temps de guerre, ou que l'on craint quelque accident. Dés le matin on regarda de tous côtez si on ne découvriroit point le petit Bâtiment à qui nous avions donné chasse ; il s'étoit si bien échapé de nous, que nous ne le vîmes plus, mais sur les 11. heures nous en apperçûmes un autre petit ; si-tôt que nous l'eûmes découvert, nous mîmes Pavillon de sa Nation & nous luy donnâmes chasse. Comme notre Vaisseau marchoit mieux que luy, nous ne fûmes pas long-temps à le joindre, & sur les trois heures du soir le Capitaine fût obligé de venir à bord.

Ce Bâtiment avoit esté rançonné par un Vaisseau Dieppois qui s'en alloit à Terre-Neuve ; mais pour luy, il faisoit sa route pour Virginie, & c'est de luy que nous aprîmes la guerre. Le 14. & le 15. nous eûmes bon frais, & le 17. le vent diminua; sur la my-nuit on sonda sans trouver fond. Depuis le 18. juqu'au 20. nous eûmes bon frais, & suivant la pensée de plusieurs de nos Officiers, nous devions être à terre : c'est pourquoy on sonda encore au premier quart; & parce qu'on trouvoit la mer changée, on sonda aussi au troisiéme sans pouvoir encore trouver fond. Si Messieurs de la Compagnie souhaitoient apprendre notre arrivée, nous souhaitions encore davantage d'arriver à bon Port. Le 22. le vent fraîchit un peu, & sur les 16. heures du matin, nous apperçûmes un Corsaire Flessinguois, lequel pour nous mieux

dans les Indes Orientales. 167
tromper mit d'abord Pavillon François; il fit plusieurs manœuvres que nous fîmes aussi, & pour luy faire connoître que nous ne le craignions point, nous l'attendîmes long-temps, & disposâmes toutes choses pour nous défendre. J'avois choisi un boucannier, un sabre, deux pistolets, & j'avois déja un gargoussier à la ceinture. Nous faisions les braves. Ce Corsaire marchoit beaucoup mieux que nous; & comme nous ne pouvions pas nous parer de luy, nous payâmes d'effronterie, & nous fîmes bien: car à cinq heures & demie du soir il étoit dans nos eaux à la portée du Canon de 18. nous avions eu soin de peindre notre Vaisseau, de le tenir tres-propre, & nous luy avions mis un Pavoys comme à un Vaisseau de Roy: c'est pourquoy nous ne paroissions pas Marchands & encore moins un Vaisseau de long-cours.

Comme nous paroiſſions beaucoup plus forts que luy, & craignant luy-même d'être pris, il ſe détermina à nous laiſſer continuër nôtre route, dont nons ne fûmes pas fâchés : car un Equipage au retour d'un ſi long voyage, eſt ſi foible, qu'il n'eſt point en état de ſoûtenir un abordage. On eſt ſi mal nourri dans un retour, & on paſſe par tant de differens climats, qu'il faut être d'une bonne conſtitution pour pouvoir y reſiſter. Souvent je me ſuis vû ſous la Zone Torride, tantôt dans un ſi grand aſſoupiſſement, que je ne demandois qu'à dormir, & j'étois tantôt dans un ſi grand abattement, & j'avois de ſi grandes douleurs de tête, qu'à peine je me connoiſſois, tant j'avois de foibleſſe.

Ce Corſaire neanmoins tira pendant toute la nuit des coups de Canon de temps en temps, pour appeller ſes camarades ; mais Dieu qui

qui dans tout le voyage nous avoit favorisé de sa protection, nous envoya un vent qui nous faisoit faisoit faire quatre lieuës par heure; j'avouë que du voyage nous n'avions point encore si bien marché, tant il est vray que le Seigneur se fait sentir quand il luy plaît, & souvent pour se faire connoître plus manifestement, il attend les occasions, ou il en fait naître. Nous marchâmes donc tres-bien pendant toute la nuit, & le lendemain 23°. nous sondâmes sur les 7. heures du matin; nous trouvâmes 64. brasses, deux heures aprés nous sondâmes encore, & nous n'en trovâmes que 40. mais sur les 11. heures nous apperçûmes la terre, & sur les quatre heures du soir nous moüillâmes à Groüais.

Les terres de Bretagne sont tres-basses, c'est pourquoi on ne les peut voir que de prés. Je laisse à penser l'extrême joye qu'une telle arrivée peut causer. Le plaisir de se voir à la fin d'une si longue & si perilleuse Campagne, & celuy de revoir une chere patrie, en sont des preuves assez plausibles.

Si-tôt que nous eûmes moüillé nous tirâmes un coup de Canon pour appeller le Pilote Gauthier; le Directeur pour la Royale Compagnie, vînt dés le soir à bord & y coucha : ce fut de luy que nous apprîmes qu'il n'y avoit pas long-temps que la Flotte ennemie avoit paru devant Belle-Isle, & l'Histoire du Curé de Groüais, avec toutes les femmes de son Isle : il est vray que lors qu'on me la raconta, je la crûs d'abord fabuleuse ; mais lors que je fus informé de la verité, j'admirai cette action, qui doit pour toûjours ternir la gloire que les Anglois se sont autrefois acquise.

Dés le lendemain au matin le

dans les Indes Orientales. 171
Pilote Gauthier ne manqua pas de venir à bord; & nous appareillâmes à mi-flot, nous saluâmes le Fort en entrant à Port-Loüis; mais comme le vent étoit contraire, nous ne pûmes aller à l'Orient: c'est pourquoy nous fûmes obligez de moüiller à la rade; si nous n'eussions pas craint la Flotte ennemie, nous eussions attendu un vent plus favorable pour entrer; mais il n'y avoit pas d'apparence de risquer un Vaisseau, aprés avoir essuyé tant de risques.

Sur les 4. heures du soir je débarquay du Vaisseau, & comme il y avoit long-temps que je n'avois marché sur terre, mes pieds ne connoissoient plus que le plancher flottant; ma vivacité supposa d'abord au chancellement que j'étois obligé de faire à chaque pas, mais enfin je fus contraint de ceder. C'est ainsi qu'on s'ha-

P ij

bituë à tout, & pour venir à bout d'une chose qui paroît d'abord difficile à nos sens, pour en surmonter plus facilement les difficultez, il faut commencer par se rendre maître de la volonté : car c'est souvent par là qu'on vient mieux à bout de ce qu'on entreprend.

Le lendemain ma premiere sortie fut d'aller remercier Dieu de la grace qu'il m'avoit faite d'arriver à bon port. J'ay si souvent senti des effets de sa bonté, que dans les plus grands dangers j'ai toûjours eû en luy une entiere confiance ; c'est une consolation qu'un chacun doit prendre sur tout lors qu'on est dans l'adversité, mais c'est souvent ce qu'on ne pratique guere, car ce sont nos sens qui ordinairement nous gouvernent & non pas la raison.

Afin de me rafraîchir un peu, je restay quelque temps à Port-

Loüis, & pendant mon séjour je me disposai pour m'en retourner à Tours. Si-tôt que nos Matelots furent débarquez, ils n'épargnerent rien pour se bien réjoüir : le meilleur vin & les plus fins morceaux ne l'étoient pas assez pour eux : car tels qu'une jeunesse qui ignore les veilles, les peines & les intrigues d'un pere ou d'un ayeul, ces insensez consommoient sans ménagement ce qu'ils avoient gagné avec beaucoup de peine & de fatigues pendant dix-huit mois.

REMARQUES
SUR
LE SUJET
DE MON VOYAGE.

Quelque éloignez que nous paroissions d'une chose, la complaisance nous fait souvent entreprendre ce que quelquefois nous ne ferions pas, & cette qualité ne se seroit pas renduë si absoluë sur nôtre esprit, si elle ne s'étoit pas introduite parmi le monde pour un devoir: ce fut elle qui m'engagea au Voyage des Indes Orientales. Car le plaisir de voyager avec deux Demoiselles l'emporta sur toutes les raisons qui pouvoient m'en détourner.

sur le sujet de mon Voyage.

Je fus à la verité quelque temps à balancer ma resolution ; mais sitôt qu'on m'eût mandé qu'une autre Demoiselle devoit faire le voyage avec nous, je ne m'opposai plus aux persuasions de ma cousine.

Cette personne avoit des manieres si honnêtes, & on observoit dans sa phisionomie une si grande sagesse, qu'en la voyant on avoit pour elle beaucoup d'estime ; & comme elle avoit l'esprit bien fait, il ne fut pas difficile à ma cousine de lier avec elle une étroite amitié. Comme dans un Vaisseau il y a tres-peu d'occupation, & qu'on n'y trouve du divertissement, que celui qu'on se forme, & que d'ailleurs les gens de mer ont ordinairement des manieres si grossieres, qu'elles ne s'accordent que difficilement à l'humeur des Dames, qui n'aiment que ce qui sympathise, & que ce qui répond à leurs belles qualitez, ces deux personnes se trouverent davantage obligés de vivre toutes deux en bonne intelligence.

Pour moi comme je n'avois alors fréquenté aucuns Marins, j'eus beaucoup de peine à souffrir leurs rusticitez, & à m'accoûtumer à leurs manieres qui surprennent les personnes qui ne les connoissent pas; & j'y étois si nouveau, que je prenois leurs caresses pour des duretez, & leurs honnêtetez passoient chez moi pour des malhonnêtetez.

Dans cette méprise j'aurois senti un veritable chagrin, si le plaisir d'être auprés de deux belles personnes, ne m'avoit dédommagé des peines que je souffrois, de ce que mes honnêtetez & ma déference, que je ne leur accordois que pour tâcher à les gagner, étoient si mal reçûës.

La Demoiselle qui passoit avec

nous connoissoit ce caractere farouche, elle remarqua aisément que ces mauvaises manieres me touchoient sensiblement, & que j'étois peu accoûtumé à cette façon de vivre.

Ce fut donc cette Demoiselle qui voulut bien m'avertir de l'erreur où j'estois, & qui m'enseigna la maniere avec laquelle je devois vivre avec ces personnes-là; comme elle avoit esté élevée sur un Port de mer, elle les connoissoit mieux que moi, aussi je ne manquai pas de profiter de son avis & de son instruction; au commencement j'eus de la difficulté à me vaincre, & j'eus besoin des leçons de cette agreable personne, pour supporter plus facilement les violences que je me faisois; rien n'adoucit tant nos peines, que la consolation d'un objet dont la presence fait plaisir; on oublie l'amertume qu'une autre pourroit même augmenter, & on ne fait point d'attention à la repugnance qu'on auroit dans un autre temps.

Peû à peu je m'accoûtumai si bien à cette maniere rustique, que loin de ne la pouvoir souffrir, je pratiquois quelquefois sans réflexion cette grossiereté, pour laquelle j'avois eû tant d'antipathie, & pour laquelle j'avois tant travaillé sur moi-même.

C'est ainsi qu'on s'accoûtume à toutes choses, & qu'en faisant réflexion sur cette matiere, j'ai connu l'obligation qu'un chacun avoit de veiller continuellement sur soi-même, & combien on devoit prendre garde au caractere des personnes qu'on frequente ; car quelque bien fait que soit un esprit, avec les mauvais, tôt ou tard il s'écarte du bon chemin, & sa droiture ne le soûtient que pendant quelque temps, ou bien elle ne sert qu'à le faire plus facilement rentrer en lui-même.

Je me trouve obligé de dire que l'induction que je viens de tirer ne regarde aucunement les personnes de la Marine: car pour leur rendre la justice qui leur est dûë, s'ils sont grossiers, on trouve ordinairement parmi eux beaucoup plus de bonne foi, que parmi plusieurs de ces personnes polies, lesquelles ne se servent souvent de leur politesse, que pour mieux aveugler les autres; mais cette induction n'est que pour faire connoître la facilité de nôtre esprit; afin d'engager par là un chacun à une continuelle vigilance.

On ne doit donc point s'étonner de cette grossiereté, ny me blâmer de ce que j'en parle avec tant de liberté: l'air grossier qu'on respire sur la mer, & la maniere aisée de vivre qu'on mene sur les Vaisseaux, y contribuënt beaucoup, & la plûpart des Marins ne se piquent que d'avoir de la droiture.

Comme il n'y avoit que la complaisance qui m'avoit porté à l'entreprise du voyage, il étoit juste que je liasse societé avec ces deux Demoiselles; ce fut un droit que je menageai si bien, qu'il ne fut point troublé, & tous trois nous menageâmes si bien le temps pendant tout le voyage, que nous l'avons passé tres-agreablement: loin d'avoir lieu de nous plaindre, il semble que toutes choses vouloient contribuër à nôtre satisfaction: car pendant cette longue traversée, nous n'avons eû qu'un tres-beau temps, & au lieu de souffrir au Cap de Bonne-Esperance, aucun des frequens coups de vent qu'on y trouve, nous eûmes le plaisir de pêcher des moruës sur le banc des éguilles, & d'y prendre quelques oiseaux dont je parle dans mon livre.

En passant sous la ligne équinoxiale & sous les Tropiques du

Cancer & du Capricorne, nous n'avons pas eû le chagrin d'y trouver des calmes, & nous n'avons feulement eu que quelques petites journées, en paffant par la hauteur du Soleil, où nous l'avions à pique.

C'eft une grande défolation fur mer, quand le vent manque long-temps ; il y a eu des exemples fi terribles, qu'elles font fremir lors qu'on y penfe, mais elles arrivent fi rarement qu'elles ne meritent pas une entiere repugnance pour les voyages.

Ce n'eft pas toûjours dans le grand nombre de perfonnes, qu'on goûte le plus de plaifir; car fouvent il n'en faut qu'une pour troubler toute la fatisfaction qui fe rencontre dans une focieté, mais feulement c'eft une certaine fimpathie d'humeurs qui en fait tout l'agrément & toute la felicité.

Il faut du moins pour joüir de ce bonheur, que les efprits foient bien-faits, afin qu'ils se pardonnent plus volontiers les uns aux autres les petits contre-tems qui peuvent naître, & qu'aucun n'abuse de la déference que des amis se doivent reciproquement les uns aux autres.

Ces deux Demoiselles & moi nous fûmes assez heureux de rencontrer des Officiers d'un esprit bien fait & paisible, avec lesquels aprés que nous eûmes fait connoissance les uns & les autres, nous vêcumes ensemble d'un union fraternelle, & nous passâmes tous si agreablement le temps, que nous ne pensions point à la longueur du chemin, & encore moins au peril de la mer. Pour moi je me levois dés le grand matin, & j'employois à la lecture le temps jusqu'à la Messe qui se disoit tous les jours à 7. heures & demie. Pour nos Demoiselles elles ne se levoient ordinairement que pour y assister, & si-tôt qu'elle étoit finie, nous ne manquions point d'aller prendre le café, & déjeûnoit ensuite qui vouloit.

Aprés le déjeûné, en attendant le dîner qui se servoit regulierement à midy, tantôt nous faisions une partie de jeu de cartes, & tantôt nous passions nôtre temps à d'autres divertissemens ; ou bien nous nous occupions à quelque agreable passe-temps ; & on le diversifioit selon qu'il plaisoit à la compagnie.

Comme la grande chaleur assoupit les sens, les uns aprés, quelque recreation pour aider à la digestion, faisoient la meridiane, & les autres se promenoient sur le gaillard de derriere, afin qu'en découvrant de là tout ce qui se passoit sur le Vaisseau, ils trouvassent dequoi se recréer.

C'étoit le parti que je prenois le plus souvent ; car je me faisois un vrai plaisir de voir manœuvrer les Matelots; je goûtois aussi une vraye satisfaction de les voir dans leur passe-temps: les uns sautoient, ou chantoient, & les autres tels que des gens oisifs cherchoient à se piquer les uns & les autres, ou à se faire des niches; & quoique tout se faisoit avec grossiereté, il y avoit cependant de l'esprit. Sur les 3. heures du soir nous allions prendre le thé, & pour passer avec plus d'agrément le temps qu'il falloit pour attendre le souper qu'on servoit tous les jours à 6. heures, nous allions tantôt collationner chez l'un & tantôt chez l'autre, & ensuite on faisoit une partie de cartes.

J'étois assez ponctuel à la collation, & aux parties de plaisir que nous nous formions les uns & les autres, mais pour le jeu de cartes, je tâchois de m'en dispenser autant que la bien-séance me le permettoit.

permettoit. C'est une occupation pour laquelle j'ai autant de repugnance qu'autrefois je l'ai aimée, & c'est avec raison qu'on avance que la jeunesse revient souvent de ses défauts, & j'ose dire qu'il est même quelquefois à propos qu'elle s'écarte quelque peu, afin qu'elle connoisse mieux le chemin qu'elle doit suivre dans le monde.

Lors que je pouvois donc me dispenser de joüer, j'allois me promener sur le gaillard, ou sur le pont, & je m'entretenois tantôt avec l'un & tantôt avec l'autre. L'un me racontoit ses avantures ou celles d'un autre, & l'autre m'entretenoit sur la difference des manœuvres qu'il y a dans un Vaisseau.

Afin de pouvoir trouver plus de satisfaction en ce passe-temps, je feignois quelquefois d'ignorer ce que je sçavois mieux qu'eux, ou bien je les laissois dans l'erreur où ils étoient de croire qu'ils m'avoient trompé, afin qu'en leur donnant ce plaisir, ils m'accordassent plus volontiers celui que je recevois dans l'entretien de ces gens grossiers, & c'est même par ce moyen qu'on exige souvent d'une personne, ce qu'on ne pourroit par d'autres endroits.

Il faut cependant prendre garde que la dissimulation ne soit point outrée, crainte qu'elle ne soit nuisible ; car les personnes qui la remarquent, ne manquent pas de s'en méfier, ou d'avoir du mépris selon l'occasion.

Il y a des personnes, lesquelles quoiqu'elles paroissent grossieres dans leurs manieres, n'ont pas moins une penetration vive ; c'est pourquoi je m'observai si bien, que personne ne me découvrît, & il n'y eût que le Capitaine qui s'en douta ; mais aussi c'étoit un vieux routier d'une grande penetration.

Quoiqu'on doive toûjours apprehender & respecter la justice divine, l'occasion presente du peril nous fait souvent ressouvenir de ce devoir, que nous oublions lors que nous croyons en estre éloignés: tous les matins nous ne manquions point d'assister à la Messe, ou à la Priere, qu'on disoit lors que l'Aumônier ne pouvoit la célebrer à cause du mauvais temps: nous assistions aussi à celle qui se disoit à 6. heures du soir avant le souper, & à 8. heures avant que ceux qui ne font pas le quart s'aillent coucher.

Si-tôt que la Priere étoit finie, nous allions souper, & ensuite nous allions prendre le frais sur le gaillard, où par maniere de recreation nous faisions danser devant nous l'Equipage, qui ne demandoit pas mieux; puis qu'il profitoit du plaisir qu'il nous donnoit.

C'étoit pour moi un agreable

Q ij

passe-temps, de voir danser ces gens grossiers, & la posture que le roullis du Vaisseau les obligeoit d'avoir, secondoit si bien leur danse grotesque, que rien n'étoit plus risible ny plus capable de retirer d'une profonde mélancolie, un esprit qui auroit esté rêveur.

Je n'étois pas le seul qui goûtois le plus de cette agreable comedie; nos deux Demoiselles en profitoient si bien, que souvent elles ne pouvoient s'empêcher d'éclater de rire, & comme la conversation roule ordinairement sur ce qui plaît le plus, c'étoit presque toûjours le sujet de nôtre entretien.

Aprés que l'Equipage avoit dansé, nous dansions aussi tous à nôtre tour, & c'étoit nous qui finissions le bal. Le Capitaine qui sçavoit que les Dames ne sont pas ennemies du divertissement, avoit eu soin de faire embarquer sur son bord, des tambours de basques, des violons, des basses de violle & autres instrumens, afin de les mieux divertir & de leur faire passer le temps plus agreablement.

Il est vrai qu'on ne peut pas le passer mieux que nous avons fait, & ce voyage pouvoit plûtôt se dire de plaisir qu'autrement : car lorsque nous étions en pleine mer, chacun inventoit à son tour quelque nouveau passe-temps ; mais jamais tels que des gens dans une grande oisiveté, nous ne nous arrétions à la médisance, & lorsque nous abordions quelque Isle ou quelque terre ferme, nous trouvions assez dequoi nous occuper.

C'est dans une pareille occasion que la curiosité trouve dequoi se satisfaire, & que mil sujets d'admiration se découvrent à nos yeux: car rien ne nous surprend tant que les choses à quoi il semble que nous ne devons pas nous y attendre.

Dans des lieux éloignez du Commerce des hommes, & qui sont, pour ainsi dire, ensevelis dans les eaux, on ne devroit se persuader qu'y trouver des choses affreuses, & que des effets d'une ingrate nature; mais loin de cela lors qu'on y trouve des merveilles, c'est ce qui en cause davantage la surprise.

Jamais personne n'a esté plus surpris que je le fus, la premiere fois que nous mîmes pied à terre; je ne m'attendois qu'à trouver des choses qui devoient répondre à ce que je m'étois imaginé devoir trouver dans un lieu si écarté; aussi je fus du dernier étonnement de rencontrer en ce lieu tant de merveilleux effets de la nature; & plus j'en découvrois, plus ma curiosité me portoit à en découvrir d'autres.

En me promenant en cette Isle je m'abandonnai tellement à tou-

sur le sujet de mon Voyage. 191
tes ces merveilles, que je pensai me perdre : car à force de vouloir en découvrir trop, & de réflechir sur la grandeur de la Majesté Divive, je m'écartai tellement de nôtre tente, que revenu comme d'une profonde réverie, j'eus beaucoup de peine à trouver le chemin pour m'en retourner.

Il y avoit long-temps qu'on me cherchoit, & on commençoit déja à desesperer de pouvoir me trouver, lors que j'arrivai : la joye que je remarquai de loin sur le visage d'un chacun, & l'empressement qu'on eut de venir audevant de moi, me fit aussi-tôt connoître qu'en en avoit esté en peine.

La premiere question qu'on me fit, fut celle de me demander d'où je venois, & pourquoi j'avois si long-temps tardé ; je répondis qu'ignorant le lieu je ne pouvois pas le sçavoir, mais que sa beauté & l'envie de voir tant de raretez m'avoient tellement occupé, que peu s'en étoit fallu, que je ne me fusse égaré, & après m'être un peu rafraîchi, je les entretins sur les remarques que je venois de faire.

Je sçûs par mon recit reparer si bien le chagrin que j'avois fait à la compagnie, qu'après l'avoir entretenuë sur differentes choses ausquelles elle n'avoit pas fait assez d'attention, elle m'engagea de les écrire, afin que je m'en ressouvinsse mieux.

Le desir que j'eus de pouvoir un jour satisfaire la curiosité des personnes qui n'ignoroient pas mon voyage, me fit suivre ce conseil; & comme une chose conduit souvent à une autre, à la persuasion de nos deux Demoiselles, je formai le dessein de faire une Relation, afin qu'en satisfaisant par là mes amis, j'eus le plaisir de leur donner par ce moyen quelques marques de mon estime.

Depuis

sur le sujet de mon Voyage. 193

Depuis que j'eus pris cette resolution, si-tôt que nous avions abordé une terre, je commençois par m'informer de toutes les particularitez qu'on y pouvoit trouver, & de toutes les raretez qu'il y avoit, & souvent aprés les avoir examinées j'admirois le bonheur de ces Insulaires ; mais helas ! Je plaignois le mauvais sort qu'ils avoient d'ignorer le chemin de la beatitude éternelle. Rien ne peut nous faire mieux entrer en nous-mêmes, que ce qui frappe les sens ; & la réflexion que je faisois sur la dure condition de ces pauvres malheureux, me forçoit de connoître l'obligation que j'ai de remercier continuellement Dieu de la préference qu'il avoit eû la bonté de m'accorder. En effet, ne sont-ce pas des hommes, & l'immortalité de leurs ames n'est-elle pas semblable à celle d'un de nos freres, auquel on auroit refusé le

Baptême ? Et tout ce qu'on peut chercher pour se dispenser de cette obligation qu'on doit à Dieu, ne sert qu'à la mieux faire connoître aux yeux de ceux qui veulent s'en distraire.

Cette obligation est telle, que pour ne la point connoître il faut n'y point penser : car une seule réflexion suffiroit pour en sçavoir la necessité ; & si une fois nous en étions bien persuadés, c'est alors que connoissant nôtre erreur, nous ne cesserions point de remercier Dieu de tant de bontez, & nous tâcherions en nous rendant dignes de ses bienfaits, de profiter des graces qu'il veut bien répandre sur nous.

Si-tôt que nous fûmes arrivés au lieu où nous allions, je m'appliquai aux moyens de réüssir à ce que je m'étois proposé ; & comme de jour en jour je découvrois des nouvelles particularitez qui meri-

sur le sujet de mon Voyage. 195
toient d'être mises au jour, je me déterminai de rester dans les Indes pendant quelques années, afin qu'ayant le temps de les recüeillir je pusse davantage contenter mes amis.

Il y eut quelques personnes à qui je découvris mon dessein, qui me donnerent plusieurs Memoires, & qui me firent part de leurs Relations ; mais comme je sçai que souvent on ne garde pas dans des Memoires ny dans des Relations toute la regularité possible, je ne m'en contentai pas tout à fait.

Quoique les personnes de qui je les avois reçûës, me parussent d'une grande sincerité & d'une grande droiture, soit dans l'esperance de découvrir d'autres curiositez, ou pour connoître les choses par moi-même, je pris le dessein d'aller en la Chine, en Perse, & de voyager dans les plus beaux lieux des Indes. Mais la guerre qui étoit alors declarée entre quelques Princes Maures, & l'augmentation des droits qu'on vouloit encore impofer fur les marchandifes, m'obligerent à differer l'execution du deffein que j'avois pris. Je fus donc contraint de refter : car à caufe de ces inconveniens, je ne pûs trouver aucun Vaiffeau Européen, & il n'y avoit que des Vaiffeaux Maures qui voyageoient; mais afin de ne point perdre le temps, j'engageai quelqu'uns de mes amis d'écrire à leurs correfpondans pour tâcher d'avoir quelque nouveau Memoire, en attendant une occafion favorable de me mettre en mer.

Il n'y a rien de plus certain, que Dieu difpofe de tout, & que toutes les propofitions humaines ne font que des fumées qui s'évaporent dans l'air, fi elles ne font foûtenuës par un concours divin,

& j'en ai des preuves si grandes que je ne puis en douter : puisque loin de penser aucunement à voyager, à peine s'en presente-t-il l'occasion, que je m'y détermine, sans y avoir fait beaucoup de réflexion ; & au contraire, lorsque d'un dessein prémedité je me propose une chose, il arrive un incident qui me fait changer de resolution.

Comme dans la societé civile il n'y a rien qui la soûtienne tant que la reconnoissance, aussi il n'y a rien qui la détruise tant que l'ingratitude : le chagrin que j'eus donc de tomber en cette these, m'obligea de changer de dessein & de me resoudre enfin à un retour.

Quelque regret que j'eusse de partir, je ne pûs cependant obtenir sur moi-même la resolution de rester ; il est de certaines choses qui nous sont trop sensibles, & dont souvent nous ne sommes pas assez les maistres, pour pouvoir resister au ressentiment que nous sentons.

Je ne me fus pas plûtôt déterminé à mon départ, que je m'attachai à amasser soigneusement tous les Memoires qu'on m'avoit donnés, & à m'appliquer à toutes les remarques que je pouvois faire sur les lieux, afin qu'en les mettant en état je pusse contenter les personnes qui auroient bien voulu me demander à mon retour des nouvelles d'un Païs aussi éloigné, & qui m'engageroient à leur faire part des particularitez que j'aurois apprises, & des raretez que j'aurois vûës.

Je dirai sans déguisement que mon dessein n'étoit point de donner au Public cette Relation : ce n'étoit cependant pas par un manque d'affection : car jamais personne n'a senti un desir plus sincere, que celui que j'ai de lui donner des marques de mon zele; mais la crainte que j'avois que cet Ouvrage ne meritât pas assez son attention, me jettoit dans une retenuë d'où je ne suis sorti qu'à la sollicitation de mes amis.

Il y a tant de personnes qui par une trop grande démangeaison d'écrire se sont exposés à la critique, que je craignois en augmenter le nombre, & je ne me suis même déterminé à le mettre au jour, qu'aprés l'avoir fait examiner par une personne dont le nom est tres-connu, & qui par ses écrits a merité l'estime & l'approbation du Public.

Je sçai qu'il y a plusieurs personnes qui ont écrit des Indes. Mais quoique depuis plusieurs années on ait mis au jour plusieurs Voyages; j'ose me flatter qu'on trouvera encore dans le mien assez dequoi satisfaire la curiosité, & même plus de sincerité, s'il m'est permis de parler ainsi, car c'est à quoi je me suis uniquement appliqué.

Les personnes qui écrivent, ne cherchent souvent qu'à embellir leurs ouvrages par un discours étudié qui ne sert quelquefois qu'à embroüiller l'esprit du Lecteur, & qu'à l'empêcher de pouvoir développer le faux d'avec le vrai ; mais pour moi je ne me suis attaché qu'à la verité.

J'ai encore quelques Memoires dont j'aurois pû parler dans mon Livre ; mais comme j'ai douté quelque peu de leur fidelité, dans cette incertitude je n'ai pas voulu profiter de l'éloignement du lieu, pour abuser par-là de la confiance du Lecteur, & vouloir lui faire croire des choses qui pourroient n'être pas vrayes.

Aussi je me suis flatté qu'il auroit assez de bonté, pour excuser ce qui pourroit ne pas tout-à-fait satisfaire son goût : car comme je ne me suis appliqué qu'à d'écrire les choses avec sincerité, & qu'à les rendre claires & intelligibles, j'ai osé esperer qu'il ne s'attacheroit qu'à contenter sa curiosité.

Comme je n'ai voulu rien épargner pour lui donner des marques de mon remerciement, j'ai joint à la fin de mon Livre une Instruction du Commerce qui se fait dans les Indes, dont personne n'a encore parlé jusqu'à present, afin que ceux qui souhaiteront entreprendre le voyage, puissent prendre les mesures qui sont necessaires pour mieux réüssir dans leurs entreprises, car rien ne nous étonne plus, que d'arriver dans un Païs Estranger, dont nous n'avons aucune connoissance, & dont nous n'avons point oüi parler, ny de la mainere qu'on s'y gouverne, ny des mœurs des Peuples qui l'habitent.

INSTRUCTION
POUR
LE COMMERCE
DES INDES
ORIENTALES.

INSTRUCTION
POUR
LE COMMERCE
DES
INDES ORIENTALES.

L est certain qu'ordinairement les Etats les plus florissans ne se soûtiennent jamais mieux que par le moyen du Commerce : car c'est par ce canal qu'on tire plus de richesses, qu'on chasse mieux l'indigence, & qu'on goûte le plaisir de voir & de posseder des choses qui sont tirées des extrêmitez de la terre : & quelque ingrat que puisse être un Païs, le negoce y

fait trouver de la douceur, & s'il est abondant, on y goûte plus de satisfaction & d'agrément par ce moyen.

Quelque agreable que soit un objet, l'habitude en efface souvent le merite, & de quelque valeur que puisse être une chose, elle diminuë ordinairement de son prix lors qu'elle devient commune ; tellement qu'il arrive souvent qu'une chose n'est estimée qu'autant qu'elle est rare : & l'experience nous apprend facilement, que telle chose qui l'étoit beaucoup, souvent quoique meilleure n'est plus ensuite si recherchée ; & si on cherche la cause de cette diminution, on trouvera que ce n'est que parce que cette chose est devenuë trop commune.

C'est donc à la rareté que se donne souvent le prix d'une chose, & c'est donc seulement parce qu'elle n'est pas commune qu'on l'estime d'avantage ; il ne faut pas cependant s'opposer entierement à cette préférence, quoiqu'elle paroisse capricieuse ; car bien que toutes choses ayent esté créées également, & qu'ainsi elles devroient être d'un même prix, il est comme necessaire qu'elles soient de differentes valeurs, afin que les hommes soient par là excitez à la recherche de celles qui sont les plus précieuses & les plus curieuses, & de les engager davantage à des voyages, que souvent ils n'entreprendroient pas sans le desir du gain qui les anime.

Les Indes ne sont opulentes que par le grand negoce qu'on y fait, & les Indiens ne tirent de l'argent que par la vente de leurs marchandises ; on s'imagine cependant que ce vaste Païs n'est qu'or, argent, perles, diamans & autres pierres précieuses, mais il faut beaucoup diminuër de ces grandes idées que l'éloignement du lieu en a fait concevoir : car lors qu'on est dans ce Païs, on connoît bien-tôt le contraire de ce qu'on s'étoit imaginé.

Il est vray que les Indes se sont renduës si renommées parmi les Européens, & sur tout parmi les François, qu'on croit une fortune assurée aux personnes qui y vont; mais sans argent, & sans conduite, on y trouve quelquefois plus d'amertume qu'en son Païs : car le chagrin d'être parmi des personnes dont on ne connoît ny l'humeur ny les manieres, & qui ne nous reçoivent que parce que nous leur portons de l'argent, paroît si sensible, que tout ce qu'on peut se figurer d'amer & de triste, n'est qu'une fumée de ce qu'on ressent lors qu'on est sur les lieux.

Il est donc necessaire que ceux qui se proposent d'aller en ce Païs, fassent réflexion sur ce qui les détermine à l'entreprise d'un si
long

long voyage, afin qu'à leur arrivée ils ne soient point exposez à rendre infructueux tous les risques qu'il faut courir, & tous les dangers qu'il y a à éviter avant d'y arriver.

Lors qu'on se propose d'aller dans les Indes, il n'y a que deux choses sur lesquelles on doit se regler; c'est ou pour y demeurer en qualité d'employé pour la Comgnie, ou pour y aller negocier en son nom. Se flater d'y être autrement, ce seroit s'abuser : car les Maures ne se servent que tres-rarement des Etrangers, & le peu de profit que l'on fait à leur service, & l'amertume qu'on y a, doit effacer le peu d'envie qu'on auroit de s'y mettre.

Il n'y a donc que deux partis à choisir, mais le plus agreable est celui d'y aller negocier en son nom; & pour avoir une bonne réüssite dans cette entreprise, il faut avoir

S

soin de ne porter avec soy que de l'argent non monnoyé : car dans les Indes on ne se sert que de celui qui est marqué au nom du Prince, & celui qui vient d'Europe, soit qu'il soit monnoyé ou non, on est obligé de le porter chez un Banquier, qui le prend sur le prix du poids, & qui en donne en échange de celui qui est marqué au nom du Prince.

Il n'est donc pas difficile de changer l'argent qu'on apporte d'Europe, puis qu'il y a des Banquiers qui sont préposez pour cela; mais il faut prendre garde de ne porter avec soy que de l'argent : car il y a beaucoup moins à perdre que sur l'or, & cela ne vient qu'à cause de la rareté de l'un, & que l'autre y est plus commun, parce qu'on en tire d'Achen qui est tres-bon.

Achen est une grande Isle dans laquelle il y a une belle riviere, sur les rivages de laquelle les Achénois trouvent parmi le sable de la poudre d'or, & comme ils apprehendent que les Estrangers attirez par le profit, ne viennent chercher de cette poudre, & qu'ensuite ils ne se rendent maîtres de cette riviere, qui fait toutes leurs richesses, & qui est le seul moyen par où ils tirent toutes leurs commoditez à cause de la sterilité de cette Isle, les Habitans la gardent continuellement crainte de surprise.

Il n'y a pas beaucoup de difference entre le Commerce des Indes & celui d'Europe: car le trafic de ce Païs n'est pas comme celui qui se fait dans les Isles de l'Amerique, où on ne negocie que par échange d'une marchandise à une autre.

On trouve dans les Indes des Marchands, des Courtiers & des Banquiers. Chez les gros Marchands on y trouve de toutes les marhandises qui se fabriquent en ce Païs, & si par hazard ils n'ont pas de celles qu'on leur demande, ils en font venir de leurs correspondans, par le moyen desquels ils tirent tout ce qu'ils ont besoin, comme font ici nos Marchands. Chez ces Marchands on trouve aussi assez de facilité à se défaire des Marchandises qu'on apporte d'Europe; mais il est à remarquer qu'ils ne s'en accommodent que lors qu'ils y trouvent beaucoup de profit à faire; & que ces gens-là ne donnent jamais qu'à ce qui peut être utile & necessaire.

Ces Marchands outre leurs grandes correspondances, entretiennent encore un grand nombre d'ouvriers, qu'ils font travailler pour tres peu de chose; mais l'entretien de ces ouvriers & leur nourriture coûtent aussi

des Indes Orientales. 215
tres-peu: car, comme j'ai remarqué dans mon Voyage, ils ne vivent que de ris cuit à l'eau pure, & ne boivent que de l'eau, & ils sont presque toûjours tout nuds; dans ce Païs le ris n'y est pas si cher qu'ici: car il n'y vaut qu'un liard la livre, & la toile y est à tres-bon marché.

Il ne faut donc pas s'étonner si les marchandises y sont à si bas prix, ny du gain qu'on fait en ce Commerce: car comme elles ne sont pas cheres, & qu'elles sont beaucoup estimées ici, avec peu d'argent ceux qui entreprennent de faire le voyage, font un bon retour; c'est-à-dire, qu'avec une somme modique ils achetent assez de marchandises, pour en les transportant ici, en faire une grosse somme, & y faire un profit tres-considerable.

Quoiqu'une partie des Indiens ne soient que des Infideles, &

l'autre des Payens; on trouve cependant parmi eux beaucoup de bonne foi. On doit neanmoins prendre garde que les Courtiers ne s'accommodent avec les Marchands, pour faire valoir la marchandise d'un plus haut prix qu'elle ne vaut; & il est aussi necessaire de visiter chaque piece avant de la recevoir: car le commencement vaut quelquefois mieux que le milieu ou que la fin.

Les personnes qui veulent faire de grands achats, font ordinairement marché sur une piece de chaque sorte de marchandise, & sur cette piece on visite toutes celles dont a besoin; & à mesure qu'on visite toutes ces marchandises, on en fait trois tries; & sur chaque trie on diminuë quelque peu du premier prix, qui est celui dont on est convenu, & le tout se regle ordinairement suivant la

des Indes Orientales. 215
convention qu'on a faite avec le Marchand.

Pour les personnes qui n'ont que tres-peu d'argent à placer, il est inutile qu'ils aillent chez un Marchand, parce que lorsqu'on achete peu de marchandises, ces Marchands la font valoir le plus qu'ils peuvent, & ils ne s'embarrassent pas beaucoup d'une personne qui ne veut acheter que tres-peu de marchandises. Ces Marchands ont même le défaut de ne presenter ordinairement que le rebut de ceux qui ont beaucoup acheté.

Parmi les Indiens il n'y a point de credit, & quelque riche que soit un Marchand, il vend toûjours argent comptant, & jamais il ne se défait de ses marchandises autrement. Ainsi ceux qui n'ont qu'une somme modique, font beaucoup mieux d'attendre les ouvriers qui viennent dans les maisons, & sur les Vaisseaux, offrir des marchandises, qu'on a à meilleur marché, & qui font souvent meilleures que celles qu'on achète chez un Marchand, lesquelles coûteroient davantage.

Comme ces ouvriers font eux-mêmes ces marchandises, ils aiment mieux en les vendant pour leurs comptes, gagner la moitié de ce que le Marchand gagneroit, & par ce moyen ils profitent doublement: car outre cette moitié de profit, ils reçoivent de l'argent comptant, ce qu'ils estiment beaucoup; on ne doit pas non plus espérer aucun credit de ces gens-là, l'avidité qu'ils ont pour l'argent est trop grande, pour risquer la moindre somme, & ils craignent trop la perte.

S'ils ne veulent rien prêter, il faut aussi prendre garde de ne leur faire aucune avance, soit sous l'esperance de les engager d'apporter d'autres marchandises, soit autrement:

car cette avide passion qu'ils ont pour l'argent leur fait oublier la confiance qu'on pourroit avoir en eux, & la plûpart de ces ouvriers sont des malheureux qui n'ont aucune demeure fixe, & qui se feroient sacrifier pour tres-peu de chose : tellement que lors qu'on leur a avancé quelque argent, afin de le faire perdre, ils se retirent dans un lieu écarté, d'où ils ne reviennent qu'aprés le départ des Vaisseaux.

Les Courtiers prennent pour leurs droits un poni sur chaque roupie & quelquefois plus, mais il ne leur en est dû qu'un : pour les Banquiers ils ont leurs droits fixes, & ils n'oseroient pas prendre davantage. Nos Marchands se servent de Lettres de change ; mais pour les Marchands Indiens, ils ne se servent que de billets, & lors que l'échange est venuë, si le debiteur refuse le payement de ce qu'il doit, le creancier prie le Gouverneur, ou le Directeur du Pavillon fous lequel demeure le debiteur, de lui donner de fes pions, qui font ce que nous appellons ici des Gardes, afin d'arrêter fon debiteur & de le conduire en prifon, où il demeure jufqu'à ce qu'il ait payé ce qu'il doit, ou que le creancier ait confenti fon élargiffement.

Mais s'il intervient quelque conteftation entre le creancier & le debiteur, elle eft auffi-tôt reglée par celui de qui releve le debiteur : car dans ce Païs on ne fait aucunes procedures, & les formalitez de Juftice n'y font pas fi bien obfervées qu'ici ; les parties comparoiffent elles-mêmes devant le Juge, & donnent chacun leurs moyens de défenfes ; mais fi elles ne peuvent pas affez bien s'expliquer, il leur eft permis d'amener avec eux quelque personne de leurs amis qui explique leurs raisons, & le Juge sans s'arrêter à appointer les parties, & sans aucun délai termine le differend ou la contestation.

Lors qu'il est prouvé que la Banqueroute est frauduleuse, on fait jeûner le Banqueroutier, & chaque jour on lui donne le Chaboux: c'est une punition si rude, que souvent on en meurt, & l'execution de ce châtiment se fait ainsi. On prend le patient, auquel on lie les mains, & entre lesquelles on passe une perche appellée banboux; deux hommes ensuite l'enlevent & le soûtiennent en l'air, & pendant qu'il est ainsi soûtenu par les deux bras, un executeur frappe à grands coups de nerfs de bœuf, sur tout le corps qu'il a tout nud, & de la violence dont cet homme est frappé, on voit en peu de temps couler sur son corps du sang de tous côtez: cependant de quelque dureté que soit cette punition, elle est assez ordinaire parmi les Indiens : car pour tres-peu de chose on la met en execution, & ce qui à la verité m'a beaucoup surpris, c'est que plusieurs ne l'apprehendent pas.

Nous ne sommes pas les seuls qui aillent negocier dans les Indes: outre que la plûpart des Européens y vont commercer, il y a plusieurs autres Nations qui y vont trafiquer aussi. Nous y avons trois Comptoirs generaux, desquels il en releve deux autres de chacun ; le premier de ces Comptoirs est Pondichery, d'où relevent ceux que nous avons à Mazulipatan & à Madripatan ; le second est celui de Surat, d'où dépendent ceux d'Amedabat & de Calicut, & le troisiéme est celuy d'Ougly, dont le Directeur a inspection sur celui de Cassembasard, qui est le lieu où se fabriquent toutes les étoffes de soye & où se cüeille la meilleure soye.

Ce Directeur a aussi inspection sur le Comptoir que nous avons à Ballasord, qui est le lieu d'où l'on tire les étoffes qui passent ici pour des écorces d'arbres, mais c'est une soye sauvage qu'on trouve en ce Païs dans les bois, & c'est delà sans doute que ces étoffes ont tiré leur nom : car comme les vers qui produisent cette soye, ne mangent que des grosses feüilles dures au lieu de meurier blanc, la soye n'en est pas si fine, & c'est à cause de cela qu'elle est plus rude que celle qu'on tire de Cassembasard.

J'ay dit dans mon voyage que Bengale étoit un Royaume tres-peuplé, c'est pourquoi il est l'endroit des Indes où sont les plus grandes Manufactures, d'où l'on tire plus de marchandises, & où on trouve plus commodément de toutes celles dont on a besoin : car il

T iij

s'y fait un si grand commerce que tout y abonde.

Les Holandois ont aussi à Bengale un Comptoir general, duquel plusieurs autres relevent; les Anglois y en ont aussi deux, desquels dépendent aussi plusieurs autres; mais ces deux Comptoirs generaux devoient aprés mon départ se joindre ensemble, à cause de la jonction de la nouvelle & l'ancienne Compagnie, qui s'étoit faite il n'y avoit pas long-temps.

De tous les lieux où nous avons des Comptoirs, il n'y a qu'à Pondichery où les Holandois & les Anglois n'en ont point, mais aussi les Holandois ont Batavie, & les Anglois Madras, où nous n'en avons point.

Batavie est la principale Place que les Holandois possedent dans les Indes, & c'est le lieu où ils ont une Chambre Souveraine; Madras est aussi la principale Place de celles qu'y possedent les Anglois; cette Place qui est à quarante lieuës de Pondichery le long de la Coste Coromandelle est tres-forte & la Ville tres-peuplée.

Les Holandois possedent dans les Indes de grands Domaines; ils sont les maîtres de la plus grande partie des Epiceries, & ce sont eux qui possedent l'Isle de Ceilan qui les enrichit beaucoup : c'est dans cette Isle où on cüeille le girofle, de la canelle, des noix muscades & du poivre. Le giroflier est une plante, & c'est de la fleur dont on se sert : l'odeur de cette fleur est si forte qu'elle se répand par toute l'Isle, & qu'en mer on la sent à quelque distance de la terre.

Le poivrier est un petit arbrisseau qui ne differe pas beaucoup de l'épine noire, qui est tres-commune ici, & c'est de son fruit dont on se sert. Le canellier est un arbre qui vient tres-haut, c'est de l'écorce qu'on use, & aprés qu'elle est dépoüillée, le bois paroît blanc. Pour le noyer c'est un arbre à peu prés semblable aux nôtres, & son fruit vient aussi à peu prés comme celui des nôtres, & on remarquera que les noix muscades qu'on transporte ici, ne sont pas dans leur pleine maturité, & que la grosse écorce qui est ce que plusieurs appellent échalün, en est ostée.

Si les Holandois sont les plus riches dans les Indes, ils y sont aussi les plus forts, & ce sont eux qui y trafiquent le plus: car ils y ont toûjours quarante Vaisseaux & souvent davantage, sur lesquels ils negocient dans toutes les Indes, & du gain qu'ils tirent de ce Commerce & du revenu de leurs Domaines, ils en font la cariaison de 13. à 14. grands Vaisseaux qu'ils envoyent tous les ans en Europe, & chaque année il en part autant d'Europe, lesquels reviennent ensuite, mais on a soin d'en changer l'Equipage.

Car si-tôt qu'un Officier arrive d'Europe, on luy donne à monter un autre Vaisseau, & ceux qui ont trois ans de service, s'ils veulent s'en retourner chez eux, ils presentent ou envoyent un Placet à la Chambre, qui ne manque point d'y avoir égard, si les personnes sont en état de s'en retourner ; & si le nombre des requerans ne suffit pas pour monter les Vaisseaux qu'on renvoye en Europe, le Gouverneur delibere avec ses Officiers pour examiner ceux qui sont plus en état de s'en retourner, c'est-à-dire, ceux qui ont mieux fait leurs affaires, & qui aprés leur retour peuvent passer commodément le reste de leur vie, & entretenir facilement leur famille.

La Compagnie Holandoise veut l'avancement de tous ceux qui sont à son service, & lors qu'un Officier neglige ses affaires, il en est davantage méprisé : car les Holandois ont la maxime de croire que ceux qui negligent d'y travailler, sont incapables de celles d'autrui ; c'est pourquoi pendant qu'un Officier ne pense point à s'amasser dequoi vivre, on ne l'avance que tres-rarement, & il ne doit pas esperer de s'en retourner pendant qu'il n'aura rien amassé : car à tous les Placets qu'il presente, la Chambre n'y a aucun égard : ainsi il est obligé de rester malgré luy, & s'il s'en retournoit sans en avoir obtenu le consentement, on luy feroit son procez à son arrivée comme à un déserteur.

Si-tôt que les Matelots sont arrivez, on les envoye aussi sur d'autres Vaisseaux, & ils ne peuvent pareillement s'en retourner qu'aprés trois ans de service ; & afin de les engager davantage à mieux

des Indes Orientales. 227
servir, on leur permet de faire quelque petit trafic : car on peut dire, que pour estre servi avec plus d'empressement, il faut autant qu'on le peut interesser les personnes dont a besoin, & c'est le moyen de se les rendre plus affectionnez.

Cependant je ne prétends pas dire par là qu'il n'y a pas de bons serviteurs : car ce seroit une erreur que j'opposerois à mon sentiment, & lors que j'avance qu'il est necessaire d'interesser ceux qui sont à notre service, je ne diminuë point la fidelité des bons, ny la confiance qu'on doit avoir en eux, mais ce n'est qu'un avertissement que je donne en passant à ceux qui n'ont aucune affection pour les personnes qui sont à leur service.

Il ne faut donc pas s'étonner de la richesse des Holandois, & si dans les Indes ils sont servis avec tant d'empressement; car les soins qu'ils se donnent pour l'avancement de ceux qui sont à leur service, excitent un chacun à se rendre plus zelez les uns que les autres; il est certain que la bienveillance d'un maître releve souvent la fidelité chancelante d'un serviteur.

On sçait que les Holandois ne sont florissans que par le moyen du grand commerce qu'ils font en plusieurs parties du monde, & il est facile de comprendre qu'ils ne tirent leurs plus grandes richesses que des Indes; puisqu'ils en reçoivent tous les ans la cariaison de treize à quatorze grands Vaisseaux, pour le renvoy desquels ils font tres-peu de dépense, & par le Commerce qu'ils ont avec plusieurs Nations, ils trouvent facilement le moyen de se défaire de toutes leurs marchandises.

Les Anglois envoyent aussi tous

des Indes Orientales. 229
les ans dans les Indes plusieurs grands Vaisseaux dont le nombre n'est pas fixe ; ils y trafiquent aussi, mais leur Commerce n'est pas si grand que celui que les Holandois y font : car ils ne reçoivent des Indes, des marchandises qu'autant qu'ils y envoyent d'Europe, de l'argent, & du gain du Commerce qu'ils font dans ce Païs, ils en payent ceux qui sont à leur service, & ce qui peut rester sert à augmenter la cariaison des Vaisseaux qu'ils envoyent en Europe.

On ne garde point tant de regularité dans les service des Anglois que dans celui des Holandois : car s'en retourne qui veut, & il est permis à un chacun de demeurer dans les Indes autant qu'il luy plaît, aussi j'ai remarqué qu'il n'y avoit pas tant d'exactitude dans leur service ; cependant ce que j'ai trouvé de plus loüable en ces deux Nations, est qu'il est permis à un chacun de trafiquer, & même afin que ceux qui sont à leur service puissent mieux s'avancer, ils leur prêtent de l'argent selon la qualité de leurs personnes; ainsi par ce moyen ceux qui sont dans les Indes s'avancent, ou du moins il ne tient qu'à eux de profiter de l'occasion. C'est aussi pour cette raison que plusieurs envient ce voyage, & souvent c'est afin de pouvoir mieux se retirer de l'oppression: car rien n'est plus dur que de se voir reduit dans un état malheureux, & sur tout une ame bien née souffre beaucoup lors qu'elle y est reduite.

Les Danois tirent aussi des marchandises de ce Païs, mais le Commerce qu'ils y font est tres-petit: car souvent ils n'envoyent d'Europe qu'un Vaisseau en trois ans, aussi ils n'y ont qu'un Comptoir, & comme Bengale est le lieu des

Indes où le Commerce est plus libre & plus ouvert, ils y ont établi leur Magazin, dautant qu'on trouve là de toutes les marchandises dont on a besoin.

Les Portugais étoient autrefois les plus riches de tous les Européens qui trafiquoient dans les Indes; mais ils ont beaucoup perdu de cette premiere splendeur: car de tout ce qu'ils possedoient dans ce vaste Païs, il ne leur reste plus que Goa, qui est même beaucoup diminué de son ancienne grandeur, & au lieu de plusieurs Vaisseaux qu'ils envoyoient tous les ans d'Europe, souvent presentement ils n'y en envoyent qu'un.

Il y a cependant plusieurs Marchands particuliers qui vont à Bengale; mais comme les Portugais n'y ont point de Comptoir & parconsequent de Pavillon, afin de payer moins de droits sur l'achat de leurs marchandises, ils se mettent sous celui de qui le Directeur leur est plus favorable.

Les Européens ne sont pas les seuls qui vont trafiquer dans les Indes, il y a encore plusieurs autres Nations qui en tirent des marchandises; les Armeniens sont de ceux qui en enlevent le plus, & qui trafiquent davantage dans toute l'étenduë de ce Païs, ils n'y ont cependant aucun Comptoir, & ce ne sont que des Marchands particuliers qui y vont negocier sur leur compte; mais il n'est pas difficile d'y aller trafiquer sans avoir un Magazin : car pour faire la cariaison d'un Vaisseau, on ne commande ordinairement les marchandises dont on a besoin, qu'aprés qu'il est arrivé; & lorsque le Vaisseau est pressé de partir, les Marchands du Païs ne tardent pas long-temps à luy fournir son chargement.

Comme il y a une saison plus commode

commode pour arriver à Bengale à cause du débordement du Gange, le prix des marchandises augmente d'un tiers dans le temps que les Vaisseaux y arrivent, & lors que le nombre ordinaire est beaucoup augmenté, le prix y augmente encore davantage.

C'est pourquoi ceux qui demeurent sur les lieux, & qui ont de l'argent comtant pendant le temps qu'il n'y a point de Vaisseau, ils achetent de la marchandise des ouvriers, & ils la vendent ensuite; comme ces ouvriers sont des miserables qui n'ont pas souvent le temps d'attendre le retour de la vente, on profite ainsi de l'occasion.

Quoiqu'il ne faille pas une grande avance pour trafiquer ainsi; cependant on y gagne beaucoup. Ceux qui demeurent à Bengale peuvent encore faire de grands profits, lors que pendant l'absence des Vaisseaux, ils tirent de Cassembazard des armoisins, dont il y en a de toutes couleurs, & qui sont des étoffes de soye semblables à nos taffetas, des jamavars, des soucies, qui sont aussi des étoffes de soye; les jamavars sont des étoffes qui sont à fleurs d'or, d'argent ou de soye, & les soucies sont des étoffes tres-legeres & qui sont tres-claires; ils achetent aussi des cottonis & des chuquelas, desquelles marchandises on ne manque point de se défaire à l'arrivée des Vaisseaux, & c'est ordinairement aux Officiers à qui on les vend, ou bien c'est à quelque Marchand particulier.

J'ai marqué dans mon voyage que les Indiens étoient des gens tres-sobres, & que le faste ne leur plaisoit qu'en une grande suite de serviteurs; c'est pourquoi ceux qui veulent aller negocier dans les Indes ne doivent point se charger de nos marchandises : car au lieu d'y gagner, ils auroient beaucoup de perte, dont ils souffriroient doublement ; puis qu'en perdant sur le prix coûtant de leurs marchandises, ils perdroient sur le retour, c'est-à-dire, parce qu'en perdant sur l'argent que leur a coûté leurs marchandises, ils ne pourroient pas en acheter autant qu'ils auroient fait, s'ils eussent eu tout leur argent, & c'est à quoi on doit beaucoup prendre garde.

Comme il demeure dans les Indes plusieurs Européens & qu'on ne cüeille point de vin, on pourroit y en porter ; le rouge y est meilleur parce qu'il s'y conserve mieux ; mais pour le mettre en état de se mieux conserver, il faut le faire bien cuver, & pour éviter qu'il ne s'aigrisse, il est necessaire de faire égrapper les raisins avant de les jetter dans la cuve.

On peut aussi porter dans ce Païs

de l'eau de vie avec quelque peu de liqueurs, & pour les gens du Païs on y porte du corail, dont les femmes se servent des gros morceaux pour en faire des brasselets, & les petits morceaux qui ne peuvent leur servir, les Medecins du Païs les pulverisent & s'en servent ensuite dans leurs medecines.

Il y a aussi à gagner à transporter du papier dans les Indes : car les Indiens s'en servent presentement pour écrire ; mais avant que les Européens leur en eussent porté, ils ne s'étoient jamais servis que de feüilles de bananièr séchées au Soleil, & même ceux qui n'ont pas le moyen d'en acheter, se servent encore de ces feüilles. Comme je n'ai point d'autre dessein que le plaisir de satisfaire la curiosité du Lecteur, je dirai que les Indiens n'usent pas beaucoup de papier : car ils ne mettent ja-

des Indes Orientales. 237

mais que la premiere lettre d'un mot, & cependant ils se trompent rarement dans ce qu'ils écrivent.

De tout ce qu'on doit porter dans les Indes, lors qu'on n'a pas le moyen de risquer, le plus sûr est d'y porter de l'argent non-monnoyé : car comme les Anglois y transportent beaucoup de toutes ces marchandises dont je viens de parler, on risque souvent à y perdre, & même à ne pouvoir quelquefois trouver l'occasion à s'en défaire.

Comme les gains sont grands dans les Indes, & que les dépenses y sont petites, il est facile d'y faire fortune avec quelque peu d'argent & beaucoup de conduite, & pour peu qu'on veüille se borner avec un peu de revenu, on y mene une vie assez paisible & assez tranquile; mais quoique ce soit un Païs peu coûteux &

qu'on y puisse beaucoup gagner, il est cependant necessaire d'avoir de l'argent pour y aller ; car sans avance la fortune y rit moins qu'en aucun autre lieu.

Dans le monde chacun a son inclination differente, les uns aiment à faire valoir eux-mêmes leur argent, & les autres qui se donnent plus à la tranquilité, ne veulent pas en prendre la peine ; dans les Indes il est aisé de se satisfaire sur le choix de ces deux partis : car si on ne veut point faire valoir son argent, on trouve des Banquiers qui le prennent à 12. pour 100. ou bien on le peut donner à la grosse sur les Vaisseaux qui trafiquent dans les Indes, & il y a beaucoup plus à gagner sur le dernier que sur le premier ; mais aussi il y a beaucoup plus de risque dans l'un que dans l'autre.

Le meilleur parti selon mon avis, est de faire valoir soy-même son argent, & il est certain que la prudence demande qu'on agisse soy-même dans ses affaires autant qu'on le peut : car ceux qui se reposent trop sur la conduite d'autrui, succombent souvent lorsqu'ils y pensent le moins.

Les personnes qui veulent mettre leur argent à la grosse, doivent avant de le mettre s'informer de la bonté du Vaisseau, de la fidelité du Marchand auquel on se confie, de la conduite du Capitaine, & du lieu où va le Vaisseau, afin de juger par là du risque qu'il peut y avoir pour y aller; ce n'est pas qu'on se trompe souvent; mais lors qu'on apporte toutes les précautions qu'on a crû necessaires pour mieux réüssir dans une entreprise, si le malheur veut qu'on y succombe, c'est une grande consolation de n'avoir rien à se reprocher.

Comme la mer est un élement

qu'on ne gouverne pas facilement, & dont souvent on ne se ressent que trop de son caprice; il ne faut pas confier tout son argent sur un même Vaisseau, de crainte qu'il ne perisse, mais il est meilleur de le distribuër sur plusieurs, afin que si l'un manque, l'autre en recompense la perte.

Cette Instruction regarde particulierement ceux qui veulent aller negocier dans les Indes, dans le seul dessein d'y faire fortune, pour ensuite s'en revenir joüir en paix du fruit de leurs travaux au milieu de leurs familles; mais afin de ne rien oublier de ce qui dépend pour faciliter leur entreprise, je vais les instruire de tous les endroits où les Vaisseaux vont trafiquer, & du profit qu'on peut faire dans ce Commerce. Je me trouverai assez recompensé de mes soins, & je m'estimerai tres-heureux, si je puis avoir par là contribué

contribué à leur fortune.

Au commencement de cette Inftruction, j'ai parlé d'Achen & de la poudre d'or qu'on y trouvoit, prefentement je m'entretiendrai fur le gain qu'on y peut faire en y envoyant des marchandifes.

Achen eft un des endroits des Indes où il y a plus à gagner, & un de ceux où il y a moins à rifquer, on y porte du ris; parce que le Païs eft fi fterile, comme j'ai déjà dit, qu'on y en cüeille tres-peu: des groffes toiles de cotton appellez garas, dont s'habillent à la Maurefle les gens les moins d'apparence de cette Ifle; on y porte encore des armoifins rouges pour habiller les plus diftinguez de cette Ifle, fur lefquelles marchandifes il y a quelquefois à gagner 100. pour ÷ quelquefois plus & quelquefois moins, & cela fe regle fur le nombre des Vaiffeaux qui y font arrivés avant celui qui est en vente.

Ce qu'il y a cependant de certain, est qu'on ne perd jamais sur les marchandises qu'on y transporte, dont le retour se fait en poudre d'or; & comme dans cette Isle il n'y a que l'argent qu'on y porte, plusieurs personnes y en transportent, lequel ils échangent pour de la poudre d'or, & le gain ordinaire qu'on fait sur cette échange est de 50. pour ⁰⁄₀.

Le départ des Vaisseaux pour Achen, est ordinairement à la fin du mois d'Octobre ou au commencement de celui de Novembre, pour y arriver en Decembre ou au commencement de Janvier. Comme c'est de Bengale d'où l'on tire le plus de marchandises, & où le ris vient en plus grande abondance à cause des pluyes continuelles qu'il y fait pendant quatre mois, c'est de ce lieu d'où partent les Vaisseaux pour aller à

Achen, & il y en a peu qui partent d'autres endroits.

Afin de n'être pas long-temps en ce voyage, il faut choisir la saison dont je viens de parler : car en ce temps-là on trouve des vents alizez qui conduisent quelquefois les Vaisseaux jusqu'au Port, ces vents sont reglez, & lors qu'on les a trouvés, il n'y a plus de risque pour arriver, mais aussi pour s'en retourner il faut attendre qu'ils ayent changé : car de vouloir s'y opposer en louvoyant, c'est vouloir ruïner un Vaisseau, fatiguer l'Equipage, s'exposer à beaucoup de peines & de soins pour faire tres-peu de chemin, & enfin c'est vouloir risquer à se perdre.

Comme la meilleure vente se regle sur le peu de Vaisseaux qui y sont arrivez, il faut tâcher d'y aborder des premiers afin de vendre mieux ; ce n'est pas que quelquefois on y gagne beaucoup d'y arriver des derniers, & c'eſt lors que tres-peu de Vaiſſeaux y ont abordé ; mais ces occaſions arrivent ſi rarement, qu'un Marchand ſage & prudent ne s'y riſque jamais, ou du moins que tres-peu : ce ne ſont pas là des voyages trop longs : car lors qu'on a bon vent, le trajet n'eſt quelquefois que de trois ſemaines, & d'ailleurs les mers Indiennes ſont ſi douces, que les voyages qu'on y fait, ne ſont pas fatiguans.

On negocie auſſi de Bengale à Surat, qui eſt preſentement la Ville la plus floriſſante, la plus riche & la plus marchande de toutes celles des Indes : on porte en cette Ville de la ſoye cruë, torſe, ou autrement qu'on tire de Caſſembaſard ; on y porte auſſi du ſucre, des gonis, qui ſont des groſſes toiles qui ſervent ordinairement à faire des emballages, du miel & de la cire, deſquelles marchandises on en fait le retour en poivre, en canelle & en caffé, que les Vaisseaux Maures apportent de Môca. On remarquera qu'il est défendu sous peine de la vie d'enlever du caffé de ce Païs, qu'il n'ait esté auparavant échaudé, & le Grand-Seigneur ne fait cette défense, que parce qu'il craint qu'on en fasse venir en d'autres Païs que sur ses terres ; ce qui lui causeroit beaucoup de perte : car c'est un de ses meilleurs revenus. Comme Surat est tres-marchand, on y trouve encore plusieurs autres marchandises desquelles on peut aussi faire son retour.

On peut encore aller aux Maldives qui sont des Isles situées dans la Zone Torride sous un mauvais climat. On y porte du ris & des grosses toiles de cotton, & le retour s'en fait en coris, qui sont des petits coquillages qu'on trouve enfoüis en terre, & que les Insulaires indiquent en leur donnant de la marchandise, mais pour amasser ces petits coquillages, & pour les transporter dans les Vaisseaux, il faut se servir de ses gens: car ceux de ces Isles se contentent seulement de les indiquer, & il ne faut pas esperer davantage d'eux.

Ces petits coquillages servent de menuë monnoye dans toutes les Indes, & avec ces coris on y trouve plûtôt dequoi vivre qu'avec de l'argent; la Compagnie de Guinée s'en sert aussi pour acheter des Negres à Juda & tout le long de la Côte de Guinée, qu'elle fait ensuite transporter aux Isles de l'Amerique, où elle les vend à ceux qui en ont besoin pour travailler à la terre ou à d'autres ouvrages.

Quoique les Indiens & les Negres soient également noirs, il y a cependant beaucoup de difference dans la complexion de ces deux Nations : car les Indiens sont tres-délicats, & ils ont la même forme & les mêmes traits que les Européens, mais les Negres sont robustes & infatigables au travail ; & ils ont les traits beaucoup differens de ceux des Indiens.

De Bengale on peut encore aller trafiquer à la Côte Coromandelle, où on y porte des armoisins ; les rouges y sont plus de vente, parce que les Indiens aiment beaucoup ce qui frappe la veuë, & comme cette couleur les frape plus qu'aucune autre, ils la preferent aussi à toutes les autres, & l'estiment davantage ; il y a à gagner sur ces armoisins 30. ou 40. pour 100. & quelquefois plus, mais aussi quelquefois moins, on transporte encore à la Côte Coromandelle du ris, mais je ne puis dire précisément le gain qu'on y peut faire : car c'est la sterilité de l'année qui le regle.

On envoye aussi des Vaisseaux en Perse, sur lesquels on transporte des marchandises des Indes, & celles dont on les charge ordinairement sont des plus belles toiles de cotton, des plus belles mousselines & des plus belles étoffes de soye qu'on trouve dans les Indes, desquelles marchandises on fait le retour en vin, en argent, & en tapis qui sont tres-estimez, parce que la laine de ce Païs est tres-longue & tres-fine.

On remarquera que la qualité du vin de Perse est toute differente de celle du vin que nous cüeillons icy : car plus il est exposé au Soleil, meilleur il est, & il perd sa force par une trop grande fraîcheur. Les Vaisseaux pour le retour de ce Païs prennent pour faire du leste, de la terre rouge qu'on y trouve ; cette terre est à peu prés semblable à de l'ocre, & on s'en sert pour peindre.

Des Indes on peut aussi aller en Chine, & c'est un voyage sur lequel il y a beaucoup à gagner; on y va aussi d'Europe, mais ne faut porter avec soy que de l'argent, car il y a trop à perdre sur nos marchandises; ce voyage est un des plus longs qu'on fasse; mais aussi lors qu'on le fait avec conduite, il est un des plus lucratifs: car il y a quelquefois à gagner 1200. pour ⸺ sur le verny, 1000. pour ⸺ sur la pourceline. Et comme sur ces deux sortes de marchandises il y a beaucoup de risque, il faut que la prudence regle l'achat qu'on veut faire: car souvent ces marchandises ne sont bien venduës qu'autant qu'elles paroissent rares, & lors qu'on en expose trop en vente, pour vouloir trop gagner, on risque quelquefois à rendre infructueux les soins qu'on s'est donnés pour préserver ces marchandises de la fragilité; c'est à quoi un Marchand doit beaucoup prendre garde : car souvent pour estre trop avide on perd beaucoup, & c'est même quelquefois la cause de la ruïne d'une personne, ou du moins ce qui l'empêche de s'élever davantage.

On tire aussi de la Chine de tres-belles étoffes de soye, qui sont même meilleures que celles qu'on tire des Indes, on tire encore de ce Païs de la soye cruë que nos Marchands fabriquans estiment davantage, sur lesquelles marchandises il y a à gagner 500. pour 100. mais il est necessaire de remarquer qu'il faut beaucoup plus se défier des Chinois que des Indiens : car les premiers sont de tres-grands fripons, qui ne s'étudient qu'à tromper, & ils y sont tellement habituez, que ce n'est point un crime parmi eux de n'avoir point de conscience, & même celui qui sçait frauder plus adroitement, est parmi ces gens-là le plus estimé : c'est pourquoi lors qu'on veut acheter d'eux des marchandises, il faut avant de les recevoir, avoir soin de les bien examiner de tous côtez, & les serrer à mesure qu'elles sont visitées, de crainte qu'ils ne les changent.

Il ne suffit pas d'examiner exactement les marchandises qu'on achete des Chinois, il faut encore prendre garde à ne leur rien avancer sur leurs promesses, & il faut même ne les payer qu'aprés qu'ils ont délivré la marchandise & qu'on en est content : car ils aiment l'argent avec avidité, & il n'y a rien qu'ils ne soient capables d'entreprendre pour en avoir.

Comme les Maures trafiquent beaucoup dans tous les lieux des Indes, dont j'ai cy-dessus parlé, ils ont grand nombre de Bâtimens sur lesquels ils negocient non-seulement en tous ces lieux-là, mais encore sur ces Vaisseaux ils vont à la Meque & dans une grande partie de l'Arabie, sur lesquels ils chargent de toutes sortes de marchandises, & il y a aussi plusieurs Vaisseaux Arabes qui viennent dans les Indes y charger des marchandises, & le lieu où ils vont ordinairement est Surat.

Les Maures pour mieux soûtenir le grand Commerce qu'ils font, prennent de l'argent à la grosse, & fretent des marchandises. Nous nous servons icy de reconnoissance de chargement dont on est obligé selon les Ordonnances de la Marine, d'en laisser une copie au Greffe de l'Amirauté d'où l'armement du Vaisseau est faite; mais pour les Indiens, ils ne s'en servent jamais, & on est obligé de s'en rapporter à leur bonne foy: aussi ce n'est que rarement qu'on y est trompé: car les Marchands

Maures se piquent d'avoir de la droiture, & ce seroit leur faire injure d'en douter.

Il me semble que j'ai assez parlé sur les endroits des Indes, où on peut envoyer de la marchandise, & que j'ai assez expliqué le gain qu'on y peut faire; je croi même m'estre assez entretenu sur la conduite qu'on doit avoir pour mieux réüssir dans l'entreprise qu'on se forme avant que de partir pour un si long voyage; il ne me reste donc plus qu'à parler sur les qualitez differentes des marchandises, & sur les differentes especes de monnoye dont on se sert en ce Païs, afin de pouvoir augmenter par là l'utilité que je souhaite qu'on tire de mon instruction, qui est le seul but que je me suis proposé en consentant de la donner au Public.

En parlant cy-dessus des Isles Maldives, j'ai fait connoître qu'on ne se servoit dans toutes les Indes pour menuës monnoyes, que de coris qui sont des petits coquillages, desquels il en faut quatrevingts pour faire un poni, qui selon notre monnoye vaut un sol, & comme j'ai aussi dit qu'il n'y avoit que l'argent marqué au nom du Prince, qui avoit cours parmi les Maures & les Gentils, il est juste que j'en explique les differentes especes.

Il y a des roupies & des demi-roupies, & ces especes sont de differens prix, quoiqu'elles soient égales en pesanteur; elles valent cependant les unes plus que les autres dans l'endroit où elles sont fabriquées : celles qui sont d'un plus haut prix s'appellent roupies Sicca, celles qui les suivent sont celles de Surat & ensuite de Madras, mais celles qui sont les moins estimées sont les roupies courantes, qu'on appelle ainsi, parce qu'elles sont de vieille marque.

Les roupies Sicea valent à Bengale 39. sols, celles de Surat jusqu'à 34. sols, & celles de Madras jusqu'à 33. sols, mais pour les roupies courantes lorsqu'elles sont de Madras, elles ne valent que 25. sols, de Surat 26. sols, & lors qu'elles sont Sicea, elles valent 28. ou 30. sols.

Comme les Indiens aiment passionnement l'argent, & qu'ils l'enfoüissent en terre lors qu'ils en ont; les Princes afin de prévenir cela, font tous les ans battre de nouvelles monnoyes, & celles qui sont nouvellement fabriquées sont d'un plus haut prix que les autres, & on remarquera que ces nouvelles especes diminuënt à mesure quelles vieillissent.

Il est necessaire que ceux qui vont pour trafiquer dans les Indes, sçachent la difference du prix qu'il y a d'une roupie à une autre, afin de n'être point trompé sur l'argent qu'ils reçoivent, & lors qu'ils se proposent d'y demeurer pour aller negocier dans les lieux dont j'ai cy-dessus parlé, ils doivent prendre garde que les roupies de Surat y sont plus estimées que les roupies Sicea, & que celles de Madras le sont plus tout le long de la Côte Coromandelle, que toutes les autres roupies, & pour parler plus précisement, il est necessaire de sçavoir que chaque roupie est la plus estimée des autres dans le lieu où elle a esté fabriquée. Il ne faut donc se charger, que de celles du lieu où on va, afin d'y perdre moins.

Outre ces roupies il y a encore des pieces d'or qu'on appelle coupans, qui valent dix-neuf roupies, & il y a aussi des demi-coupans, qui ne valent que neuf & demiroupies; ces pieces s'appellent coupans

pans, parce qu'elles sont longues, & si plates qu'on en pourroit couper, & c'est par allusion à notre langue qu'on les appelle ainsi. Pour les roupies elles sont rondes, elles ont plus de trois lignes d'épaisseur, & on ne les distingue que par le Chiffre & les Lettres qui sont imprimées dessus.

Ces roupies sont d'un argent tres-pur, & les coupans sont d'un or pâle, mais qui est tresbon: car la pâleur ne vient que parce qu'il n'y a point de cuivre meslé. Ce n'est pas en Europe seulement où il y a des faux monnoyeurs: car on en trouve aussi dans les Indes, & c'est pourquoi on doit bien examiner l'argent qu'on reçoit afin de n'être pas trompé.

Comme la Compagnie est Souveraine à Pondichery, elle y fait battre monnoye au nom du Roy, & comme les coris sont une monnoye trop embarassante, on s'y sert de caches qui est une menuë monnoye faite de cuivre qui ne vaut qu'un denier; & pour la commodité du Public, elle fait aussi fabriquer des petites pieces d'argent qui ne valent que 4. sols; mais ces monnoyes n'ont cours que dans la Ville & dans les lieux circonvoisins. On y fabrique aussi des pagodes qui sont en pieces d'or qui valent 100. sols.

Ce que nous appellons ici une livre, les Indiens l'appellent une serre; on sçait que la livre poids de Paris pese 16. onces, mais dans les Indes elle en pese 28. & ce que nous apellons icy fourniture, & quintal, s'appelle dans les Indes courge & mans, la courge est le nombre de 20. & le mans pese 42. serres & demi, qui font poids de Paris 75. liv.

J'ai dit cy-dessus qu'on vivoit dans les Indes à tres-bon marché. En effet, il n'y a que le vin qui y est cher, parce qu'on n'y en cüeille point. Quoiqu'il ne soit pas d'une grande necessité de sçavoir en particulier la maniere dont on vit en ce Païs, cependant pour satisfaire la curiosité du Lecteur qui ne sera pas fâché d'apprendre comment on se gouverne dans un Païs aussi éloigné, je passerai legerement sur ce sujet.

Le Lecteur y pourra trouver de la satisfaction, & ceux qui se proposent d'aller dans les Indes y trouveront de l'utilité, parce que par là j'espere qu'ils pourront facilement découvrir les petites friponneries de leurs serviteurs, & cela est d'autant plus necessaire, qu'on a beaucoup de peine à se passer de quelque personne pour se servir: ce n'est pas icy seulement que les serviteurs sçavent faire agir la petite oye, ce droit qui souvent parmi eux ne les fait point dégenerer à la fidelité qu'ils prétendent avoir, s'exerce parmi les Indiens avec encore plus d'exactitude, & sur tout lors qu'une personne nouvellement débarquée veut bien se confier sur la fidelité d'un serviteur, qu'il prend en arrivant; & il n'est pas difficile d'en trouver, car si-tôt qu'on est arrivé plusieurs viennent s'offrir.

Il est aisé de se persuader de la friponnerie de ces serviteurs Indiens, l'avidité qu'ils ont d'avoir de l'argent le prouve assez : car pour parler en general, c'est une chose presque certaine que lors que l'interest conduit trop une personne, souvent elle ne garde pas toûjours une fidelité tres-exacte, & si cet interest ne la fait pas quelquefois succomber, ce n'est souvent qu'aprés beaucoup de resistance à soi-même.

Prés de chaque Loge & des endroits où les Vaisseaux vont ordinairement moüiller, il y a des carrefours où sont établis des Fruitiers, chez qui on achete tout ce dont on a besoin : le pain est dans ce Païs à tres-bon marché ; & comme les gens du Païs n'en mangent point, ils n'en font que pour vendre : la volaille n'y vaut qu'un poni chacune, & quelquefois elle y coûte moins, la douzaine de pigeonneaux n'y coûte que deux poni, & le gibier en hyver y est à tres-bon marché ; on a pour cinq ponis un petit cochon de lait, & les plus gros & les meilleurs pourceaux n'y valent que deux roupies & demie.

Il n'y a donc que le vin qui y est cher : car on a aussi la meilleure vache avec un veau pour cinq ou six roupies ; mais comme le vin est tres-rare, les personnes qui ont de la conduite en font venir des caissons de Perse, & la bouteille qui en vaut cinq des nôtres, ne leur revient souvent qu'à deux roupies, il y a même plusieurs personnes qui pour épargner leur vin font de la bonne ponse ou du vin grec, qu'ils laissent ensuite cuver. J'ai bû de cette liqueur, & je ne l'ai pas trouvée mauvaise : & comme le sucre est à tres-bon marché en ce Païs, & que les limons y sont assez communs, cette boisson ne leur coûte pas beaucoup.

Ce qu'il y a d'incommode dans les Indes, est la difficulté de trouver de la monnoye chez les Fruitiers : car la plûpart sont des malheureux qui n'ont pas un sol. Mais comme il y a des Banquiers préposez pour ce petit change, sitôt qu'on manque de coris, il faut avoir soin d'en envoyer chercher chez quelqu'un de ces Banquiers, & le droit qu'un Banquier prend sur chaque roupie est tres-petit.

Comme dans mon Instruction du Commerce je n'ai dessein que de m'entretenir de choses curieuses & necessaires, je ne m'arrêterai point à parler en particulier de toutes les marchandises qui se fabriquent dans les Indes : car je craindrois me jetter dans une narration trop longue, & qui pourroit être trop ennuieuse au Lecteur. Ainsi pour éviter cela, je ne parlerai que de celles qui sont les plus connuës, & desquelles on negocie davantage.

Mais avant que d'en parler il est necessaire que j'explique comment les Indiens mesurent leurs marchandises, afin de donner par-là une connoissance plus facile à ceux qui voudront s'en instruire.

Nous nous servons icy pour mesurer nos marchandises, d'aune qui selon celle de Paris a de longueur deux pieds huit pouces, mais au lieu d'aune les Indiens se servent de cobes qui est une coudée, & cette mesure peut avoir un pied, demi pouce & quelques lignes, tellement que deux cobes & demi font une aune de Paris, & un Marchand doit se regler sur cela en achetant sa marchandise.

On fabrique à Bengale diverses sortes de mousselines, dont les plus fines & les plus claires s'appellent mallemolles, & dans ces mellemolles il y en a de plus fines & de meilleures les unes que les autres: les plus grosses mousselines s'appellent casses, & celles qui sont rayées se nomment doreas, & enfin celles que nous appellons ici mousseline double, autrement dit serrée, se nomme tanjebs; mais le prix de toutes ces mousselines se regle sur la bonté, la finesse, la largeur, la longeur & sur l'égalité de chaque piece.

J'ai cy-dessus parlé des étoffes de soye qui se fabriquent à Ballasord & à Cassembazard, il ne me reste plus que de m'entretenir quelque peu sur les toiles de cotton

ton qui se fabriquent à Pondichery; les meilleures sont les guinées de percalles, les salempouris, les amans & les bazins: cependant on prétend que ceux de Ballasord sont les meilleures. Il se fabrique aussi à Ballasord des sanas, qui est une toile tres-fine & qui est à peu prés semblable à celle d'Holande, & on y trouve encore des chaquelas qui sont des pieces rayées faites de cotton & de soye sauvage.

Outre les armoisins & les jamavars qu'on tire de Cassembazard, on y fabrique encore des cottonis qui est une étoffe faite de soye & de cotton; on en tire aussi de Surat, & quoiqu'elles ne soient pas si larges ny si longues, elles valent cependant beaucoup mieux: car elles font un meilleur usage & durent davantage. Surat est le lieu des Indes, où l'on fabrique les plus belles étoffes de soye à fleurs d'or & d'argent, & c'est de ce Païs d'où on tire les meilleures. Les plus belles mousselines viennent de Bengale, & les meilleures toiles de cotton viennent de Pondichery, & comme la Compagnie tire de chaque Comptoir ce qu'il y a de meilleur, on a toûjours sujet d'être content de la bonté de ses marchandises, & elle a aussi lieu d'être satisfaite de l'exactitude de ses Officiers qui la seconde tres-bien.

Il me semble m'être assez entretenu sur ce qui regarde le Commerce des Indes : il est presentement juste que je parle des perles & des diamans, qu'on trouve dans ce vaste Païs, je craindrois même pecher contre ce qui doit le plus satisfaire la curiosité d'un chacun, si je ne parlois pas de cet article.

Ce seroit contre moi un grand sujet de reproches, si aprés m'être entretenu fur des matieres qui ne font pas fi curieufes, je ne parlois pas du lieu d'où on tire les diamans & comme on trouve les perles. Les diamans fe trouvent dans le Royaume de Golgonthe, qui n'eft pas beaucoup éloigné de Pondichery, & on trouve les perles dans des coquilles d'huiftres ; mais les plus belles fe trouvent dans la mer vers Surat, Goa, & le long des Côtes de ce Païs-là.

Dans le Royaume de Golgonthe, on y trouve quelquefois des diamans d'un prix ineftimable ; mais il n'y a que les gens du Païs qui fçavent les chercher, & lors qu'ils les ont trouvés ils les portent vendre chez les Européens ; mais c'eft en fecret : car ces gens du Païs font obligés fous peine de la vie de les porter à leur Prince, fi-tôt qu'ils en ont trouvé quelques-uns ; & dans la crainte qu'on ne les découvre, ils ne fe confient qu'en des personnes dont ils connoissent la probité.

On fait quelquefois par cet endroit une grosse fortune ; mais il faut demeurer sur les lieux pour attendre les occasions favorables, qui à la verité tardent quelquefois long-temps : il faut aussi avoir soin d'avoir toûjours de l'argent comptant : car les gens du Païs ne font point de credit, & c'est beaucoup pour eux de porter leurs marchandises chez un Européen ; c'est une marque qu'ils le croyent homme de probité, & qu'ils ont de la confiance en lui. Quoique ces gens-là ayent beaucoup de méfiance, il ne faut pas cependant se flatter de pouvoir les en retirer par largesses : car ce seroit s'abuser & consommer de l'argent en dépenses inutiles, & ce seroit aussi manquer par là l'occasion de profiter davantage ; c'est un grand défaut parmi les Indiens, de n'avoir pas d'égard au temps ny à la rareté d'une chofe, tellement qu'une perfonne qui leur auroit donné cent roupies d'une chofe, eft obligée de fe refoudre à continuër de donner le même prix; finon, fans avoir égard aux raifons qui peuvent avoir engagé cette perfonne à leur donner cette fomme, ils aimeront mieux donner cette chofe à une autre perfonne pour beaucoup moins.

La prudence demande donc qu'on leur promette peu, & qu'on ne leur donne que le moins qu'on peut : car quelque confiance qu'ils ayent en une perfonne, ils ne leur montrent jamais qu'un diamant à la fois. Il eft donc feulement neceffaire d'avoir pour ces gens-là quelque humanité, mais il ne faut pas s'abaiffer à les flatter : car ce feroit affez pour les faire foupçonner & même leur faire croire qu'on les veut tromper. Si tous ceux qui ont trafiqué dans les Indes avoient toûjours suivi ces maximes, les marchandises ne seroient jamais venuës à si haut prix quelles sont : ca[...]e qui ne coûtoit autrefois que dix roupies en vaut vingt presentement & quelquefois même davantage.

FIN.

TABLE
DES MATIERES
DU VOYAGE.

Abondance. Sans la joüissance l'abondance n'est qu'une fumée dont l'esprit se repaît. pape 145
Action dénaturée & digne de pitié. p. 110.
Admiration. Ce qui cause de l'admiration & de l'étonnement parmi les Gentils. p. 90
Age. Quel âge peut avoir l'Empereur qui regne à present dans le vaste Empire du grand Mogol, comment cet Empereur est monté sur le thrône, p. 80. Les mesures qu'il garde, pour éviter d'estre déthrôné par ses enfans ou quelques autres. p. 81
Aigles de mer. De quelle longueur peuvent estre leurs aîles. p. 17
Alcions. De quelle couleur sont les Alcions, leur grosseur & en quel temps on en voit le plus. p. 17
Amour. Petite description de l'amour, p. 42.

TABLE

Anglois. Les Anglois de la nouvelle Compagne ont une Loge à Chinchurat. 65

Animaux. Combien de sortes d'animaux volatils & autres on trouve à Bengale, & ce qu'ils ont de particulier. p. 72. & 73.

Année. En quel temps les Indiens commencent l'année, & comment ils en celebrent le premier jour. p. 118 & 120

Arrivée. Quel jour nous sommes arrivés à Pondichery, de quelle distance la rade est éloignée de terre: comment on peut aborder. p. 39. Pourquoi on ne peut se servir de Chaloupes ny de Canots, p. *Idem*

Assenssion. L'Assension est une Isle inhabitée, pourquoi. p. 159. par quel degré est cette Isle, & dans quelle hemisphere elle est située. p. *Idem*, il y a dans cette Isle tant de gibier, & il est si privé, qu'on le tuë à coups de bâtons. p. 160. En quel temps les tortuës y vont à terre. p. 161

Attraits. Pourquoi difficilement resiste-t-on aux attraits du beau sexe. p. 48

Baignans. Qui sont ceux qu'on appelle Baignans. p. 66

Baleine. De la grosseur des Baleines qu'on trouve dans les mers du Levant. p. 14

Ballasord. Ballasord est un Païs situé en terre ferme où la Compagnie a un Comptoir. p. 52

Banc des aiguilles. De quelle profondeur est la mer sur ce banc, sa longueur, où il est situé, p. 18. quels poissons on trouve sur ce banc, p. *Idem.*

Bassaras. Ce que c'est qu'un Bassaras. p. 52.

Baptême. Comment se fait sur les Vaisseaux le prétendu Baptême en passant sous la ligne équinoctiale, & qui sont ceux qui ont établi cette ceremonie superstitieuse. p. 10. & 11

Bengale. Bengale est un Royaume, sous quelle domination il est presentement & qui le possedoit autrefois. p. 80.

Bengalistes. Qui sont ceux qu'on appelle ainsi. p. 69. Quelle Religion ils professent & quelles divinitez ils reconnoissent. p. 82.

Bestel. Ce que c'est que le Bestel, quel effet il fait dans la bouche en le mâchant. p. 70. Comment on s'en sert. p. *Idem.*

Bestes feroces. Quelles bestes feroces on trouve dans les Indes. p. 74.

Bien. Les Bengalistes ne se mettent pas beaucoup en peine d'amasser du bien, & pourquoy. p. 106.

TABLE

Bois. On trouve peu de bois à bâtir dans les Indes, comment on y bâtit les maisons, & pourquoi on les éleve peu. p. 42.

Bonites. Les Bonites sont de tres-bons poissons, quelle est leur grosseur, p. 14

Bonne ponse. Les Anglois servent ordinairement dans leurs repas de la bonne ponse. p. 29. Comment on la sert. p. Idem.

Bot. Ce que c'est qu'un Bot, à quoy servent les Bots & combien la Compagnie en entretient. p. 122.

Bourboüilles. En quels mois les Bourboüilles sont plus communes. page 78.

Boussolle. Un Vaisseau en pleine mer, sans la boussolle ne peut marcher que difficilement : car c'est une aiguille aimentée qui a toûjours son pol du côté du Nord, & c'est par là qu'un Pilote se regle & qu'il connoît quel rumb de vent tient son Vaisseau. p. 34

Brames. Qui sont ceux que les Gentils appellent Brames parmi eux. p. 90

Brisants. Ce qu'on appelle brisans est l'agitation de la mer qui donne le long des bords ; ils sont tres-forts le long de la Côte Coromandelle. p. 129.

Broderies. En quel lieu des Indes se font

DES MATIERES.

les plus belles broderies. p. 79

Cale. La Cale est un châtiment qui s'exerce sur les Vaisseaux, trois de nos Matelots l'ont euë pour avoir voulu déserter, & comment. p. 30

Cailman. Le Cailman est un gros serpent autrement appellé crocodille, de quelle longueur & de quelle grosseur sont ces serpens, leurs formes & leurs forces. p. 74. ce qu'un homme doit faire lors qu'il est poursuivi par cet animal. p. Idem

Calme. Aprés un gros vent, le calme est tres-dangereux & pourquoy. p. 156.

Caltia. C'est le nom d'une Déesse que les Gentils adorent, quel est son Empire. p. 83. sa figure, combien elle a de têtes, de bras, sa parure. p. Idem, combien de temps cette Idole est exposée au Public, les offrandes qu'on luy fait. p. 84. ce qu'on fait de cette Idole aprés que le temps de l'exposition est fini. p. 85. les ceremonies qu'on fait avant de la jetter dans le Gange, & pourquoi on la jette ainsi. p. Idem

Cameleon. Ce que c'est qu'un Cameleon, & ce qu'il y a à remarquer avant qu'il change de couleur. p. 130

Canarie. Quel vin on recüeille dans cette Isle p. 9. ce que c'est que cette Isle. p. 10.

TABLE

Cap de Bonne-Esperance. Pourquoy les coups de vent sont frequens au Cap. p. 18. ceux qui occupent ce lieu. A quelle Nation il sert d'entrepôt pour aller aux Indes. p. 19. ce qu'on y cüeille, dans quelle hemisphere ce Cap est situé, sous quel degré est ce Païs. p. *Idem*, en quel mois la recolte du vin s'y fait. p. *Idem*. Qui sont les Peuples de ce Païs & quelle divinité ils adorent. p. 20

Cape. Ce que c'est que de mettre un Vaisseau à la cape, comment on le met, pourquoy, & en quel temps. p. 146

Carlets. Ce que vaut la chair des carlets & ce que c'est que leurs écailles. p. 127

Cassembazard. Ce que c'est que Cassembazard. p. 64

Castre. Ce que c'est que castre parmi les Gentils. p. 91

Ceilan. C'est une tres-bonne Isle, à qui elle appartient, ce qu'on tire de cette Isle. p. 35. aucuns Vaisseaux n'y arrivent que ceux à qui elle appartient, quelle est leur raison. p. *Idem*

Ceremonie digne de remarque. En quel mois elle arrive & comment elle se fait. p. 104

Cerf. En quoy les cerfs qu'on trouve dans les Indes different des nôtres. p. 73

DES MATIERES.

Chagrin. Il est souvent de la prudence humaine de se violenter, pour bannir le chagrin, & d'en écarter autant qu'il est possible les sujets ; pourquoy le chagrin est dangereux sur mer. p. 156

Chanvre. Dans les Indes à quoy sert le chanvre & à quoy sert sa graine. p. 69

Chasse du Tigre. Comment elle se fait. p. 117.

Chauve-souris. De quelle grosseur elles sont & en quoy elles different des nôtres. p. 72

Chaux. D'où l'on tire la chaux à Bengale & avec quoy on la fait. p. 67

Chevaux. On trouve de tres-bons chevaux dans les Indes. p. 76

Chevaux sauvages. On trouve dans l'Isle Bourbon des chevaux sauvages, à quoy les font servir les Habitans. p. 149

Chinchurat. Chinchurat est une grande Ville à une lieuë de nôtre Loge. p. 65

Chiens. Les petits chiens sont tres-rares dans les Indes, pourquoy ils y ont de la peine à vivre, & pourquoy les Maures en sont curieux. p. 76

Chiens sauvages. Comment on les appelle. p. 75

Circulation. Qui empêche la circulation du sang, & dans les Indes quel remede on y apporte pour le faire circuler. p. 113.

TABLE

Climat. Quels climats sont les plus mauvais & sous quels degrez ils sont. p. 36. de la bonté du climat de l'Isle Bourbon & de sa fertilité. p. 150

Cocotier. Le cocotier est un arbre tres-particulier, son utilité, quel est son fruit, en quel endroit de l'arbre il vient. 42. de quelle longueur on trouve de ses feüilles. p. *Idem*, le goût de la liqueur qu'on trouve dans son fruit, sa qualité. p. 43. ce qu'on trouve en dedans autour de ce fruit. p. *Idem.*

Combat digne de remarque. p. 75

Condition. Sous quelles peines il est défendu aux Gentils de passer d'une condition à une autre. p. 91. reflexion sur le sujet. p. *Idem.*

Conversation d'une Dame Portugaise assez particuliere. p. 132

Cormorans. Ce sont des oiseaux qu'on trouve près du Cap de Bonne-Esperance. p. 157

Côtes. Quels animaux on trouve le long des Costes du Cap de Bonne-Esperance. p. 21

Cottonier. Le Cottonier est une plante, p. 69. comment vient cette plante & comment elle fleurit. p. *Idem*

Coulevres. De quelle grosseur & de quelle longueur on trouve des coulevres a

DES MATIERES.

Bengale. p. 75
Coup de partance. Ce que c'est qu'un coup de partance & pourquoy on le tire. p. 47.
Courage. Le courage & la valeur sont quelquefois contraints de ceder à la force. p. 133. exemple sur cela. p. Idem.
Curé. Qui sont ceux qui desservent la Cure de Chandernagord. p. 66
Damiers. Les damiers sont des oiseaux qu'on trouve en pleine mer, pourquoy on les appelle ainsi. p. 16
Danger. Un Vaisseau doit éviter d'être surpris par des pichauds, quel danger il court lors qu'il est surpris par ces pichauds. p. 25
Danois. Les Danois ont leur Loge à un quart de lieuë de la nôtre. p. 67
Danseurs & sauteurs. Dans les Indes il y a des danseurs & des sauteurs, leur adresse. p. 61
Découverte. Dans un Vaisseau on a soin d'avoir toûjours quelques Matelots à la découverte, sur tout en temps de guerre, & pourquoi. p. 165
Degré. Sous quel degré est Bengale, ce qui cause la longueur du chemin. pag. 68. combien il faut faire de lieuës avant d'arriver. p. Idem
Description de plusieurs oiseaux tres-curieux. p. 72

TABLE

Diable. C'est un poisson qui s'appelle ainsi, quelle est sa forme. p. 18

Direction. Quelles qualitez sont requises dans un Directeur. p. 23

Division. En combien de parties les Indiens divisent la journée. 114. en combien de points ils divisent chaque partie. p. *Idem.*

Dorade. C'est un tres-bon poisson. p. 22. ce que c'est que ce poisson. p. *Idem*

Droit honorifique. Qui sont les personnes qui ont droit d'avoir ou de faire porter un Garis. p. 116. Le Mogol en a accordé la permission aux Directeurs de chaque Nation ; mais sous quelle condition. p. *Idem.*

Eau de mer. Comment l'eau de mer se divise lors qu'elle est enlevée en l'air par les pompeux, autrement dits pichauds. p. 25.

En mer on menage beaucoup l'eau douce. p. 162

Elephant. On trouve des Elephans dans les Indes. p. 76

Empressement fait avec contre-temps. p. 57.

Enjoüan. Ce que c'est qu'Enjoüan. p. 26. combien de lieuës de circuit cette Isle peut avoir. page 31, qui sont ceux qui habitent cette Isle, & quelle

DES MATIERES.

le Religion on y professe. p. *Idem.*

Ennivrer. Pourquoy on a soin qu'un Matelot ne s'ennivre jamais quelque beau temps qu'il fasse. p. 142

Equipage. Avant qu'un Vaisseau parte d'aucun lieu, le Capitaine a soin de faire faire la reveuë de son Equipage & pourquoy. p. 7

Ecole. Comment les Indiens celebrent la premiere entrée que leurs enfans font à l'école. p. 130

Ecrasement. Pourquoy plusieurs Gentils se font écraser. p. 105. quel est leur fin en cherchant la mort. p. *Idem*

Esperance. L'esperance de voir en peu ce qu'on doit aimer reveille les esprits, & les porte souvent à la joye. p. 54

Estre. La nature nous oblige de connoître un premier Estre. p. 82. raisonnement sur ce principe. p. 83

Faquers. Ce que c'est qu'un Faquers. p. 97. quelles sont leurs penitences. p. 98.

Felicité. Qui doit faire la vraye felicité d'un amant, & quelle est la vraye passion d'une personne qui aime. p. 63

Femme. Comment les femmes se brûlent aprés la mort de leurs maris, quelles ceremonies on observe. p. 94. ce qu'on luy donne pour luy dissiper l'idée af-

A a

TABLE

Diable. C'est un poisson qui s'appelle ainsi, quelle est la forme. p. 18

Direction. Quelles qualitez sont requises dans un Directeur. p. 23

Division. En combien de parties les Indiens divisent la journée. 114. en combien de points ils divisent chaque partie. p. *Idem.*

Dorade. C'est un tres-bon poisson. p. 22. ce que c'est que ce poisson. p. *Idem*

Droit honorifique. Qui sont les personnes qui ont droit d'avoir ou de faire porter un Garis. p. 116. Le Mogol en a accordé la permission aux Directeurs de chaque Nation; mais sous quelle condition. p. *Idem.*

Eau de mer. Comment l'eau de mer se divise lors qu'elle est enlevée en l'air par les pompeux, autrement dits pichauds. p. 25.

En mer on menage beaucoup l'eau douce. p. 162

Elephant. On trouve des Elephans dans les Indes. p. 76

Empressement fait avec contre-temps. p. 57.

Enjoüan. Ce que c'est qu'Enjoüan. p. 26. combien de lieuës de circuit cette Isle peut avoir. page 31, qui sont ceux qui habitent cette Isle, & quelle

DES MATIERES.

le Religion on y professe. p. *Idem.*

Ennivrer. Pourquoy on a soin qu'un Matelot ne s'ennivre jamais quelque beau temps qu'il fasse. p. 142

Equipage. Avant qu'un Vaisseau parte d'aucun lieu, le Capitaine a soin de faire faire la reveuë de son Equipage & pourquoy. p. 7

Ecole. Comment les Indiens celebrent la premiere entrée que leurs enfans font à l'école. p. 130

Ecrasement. Pourquoy plusieurs Gentils se font écraser. p. 105. quel est leur fin en cherchant la mort. p. *Idem*

Esperance. L'esperance de voir en peu ce qu'on doit aimer reveille les esprits, & les porte souvent à la joye. p. 54

Estre. La nature nous oblige de connoître un premier Estre. p. 82. raisonnement sur ce principe. p. 83

Faquers. Ce que c'est qu'un Faquers. p. 97. quelles sont leurs penitences. p. 98.

Felicité. Qui doit faire la vraye felicité d'un amant, & quelle est la vraye passion d'une personne qui aime. p. 63

Femme. Comment les femmes se brûlent après la mort de leurs maris, quelles ceremonies on observe. p. 94. ce qu'on luy donne pour luy dissiper l'idée af-

TABLE

freufe qu'elle pourroit avoir de la mort. p. Idem

Fertilité. De la fertilité de Bengale. p. 68. ce qu'on y recüeille. p. 69

Forbans. Ce sont des écumeurs de mer, ou pour parler plus intelliblement ce sont des voleurs qui cotoyent les mers. p. 30.

Fous. Ce sont des oiseaux qu'on trouve en pleine mer, leur grosseur & pourquoy on les appelle fous. p. 17

Francorin C'est une boisson que les Creols de l'Isle Bourbon font pour boire, ne cüeillans point de vin, comment se fait cette boisson & avec quoy. p. 149

Galle. C'est une petite Isle inhabitée à l'embouchure du Gange où il y a quantité de bestes feroces, leurs noms. p. 123.

Gange. Le Gange est un tres-beau fleuve, il a à son embouchure trois bancs de sables. p. 51. ce fleuve est adoré par les Gentils autrement dits Payens. p. 83

Gibier. Il y a beaucoup de gibier dans l'Isle Bourbon. p. 149

Gosmond. En pleine mer, il y a des parages qui sont tous couverts de goismond, nous en avons trouvé. p. 163

Gulgonthe. Est le nom de la Loge des Anglois de l'ancienne Compagnie, où est

DES MATIERES.

située cette Loge. p. 55
Celle de la nouvelle Compagnie s'appelle Golgathe. p. 65
Gomore. Est une des Isles des Açores. p. 9.
Gouverneur. Qui est le Gouverneur du Fort & de la Ville de Pondichery. p. 39.
Guain. Ce que gagne par jour chaque Maure & chaque Bengaliste. p. 111. ce qui les oblige de travailler. p. 112.
Habillement. Comment s'habillent les Maures, & en quoy on les distingue des Gentils. p. 104. comment s'habillent les Indiennes. p. 109. comment se nomment leurs joyaux & quelle est leur maniere de les mettre. p. *Idem*, comment sont habillées celles qui n'ont pas le moyen. p. *Idem*, comment s'habillent aussi les Indiens qui n'ont pas le moyen, & comment ils passent leur temps. p. 110
Habitans. Qui sont ceux qui ont les premiers habité l'Isle Bourbon, combien il y a d'Eglises dans cette Isle, & où demeurent les Habitans. p. 150
Habitude. Il est certain qu'entre des personnes d'un esprit aisé, il se forme souvent une habitude qui est cause qu'on ne se sépare ensuite qu'avec regret. p. 54

A a ij

TABLE

S. Heleine. C'est une Isle qui sert d'entrepôt aux Vaisseaux Anglois qui vont dans les Indes, par quelle latitude cette Isle est située & dans quelle hemisphere. p. 159

Hennebon. C'est une petite Ville marchande d'où relevent Port-Loüis & l'Orient. p. 6

Histoire assez plaisante. p. 124

Holandois. Les Holandois ont une belle Loge à Chinchurat. p. 65

Horloges. De quelle horloge on se sert à Bengale & parmi les Indiens, comment s'appelle cette horloge & ce que c'est. p. 113. & 114. comment on sonne cette horloge. p. 115

Huistre. De quelle pesanteur on trouve des huistres dans les Indes. p. 67. comment on les ouvre. p. Idem

Jalousie. De quelle jalousie sont les Maures. p. 108

Jean-de-Nouë. C'est une petite Isle inhabitée, pourquoy on a prétendu qu'elle fût flottante. p. 26

Indemnité judicieuse. p. 60

Indiens. Du temperament des Indiens, & quelle est leur inclination. p. 105

Innondation. D'où viennent les grandes innondations. p. 24

Interest. Il y a des occasions dans les

DES MATIERES.

quelles il est dangereux de se laisser trop conduire par l'interest. p. 154

Insectes. En quelle saison il y a plus d'insectes à Bengale, & quelle est leur incommodité. p. 77

Joye. Quelle peut estre la joye, lors qu'on arrive d'un voyage de long cours. p. 170

Isle Majotte. Cette Isle n'est qu'à 30. lieuës d'Enjouän. p. 26

Isle Robin. Ce que c'est que cette Isle. p. 21.

Latitude. Comment on trouve la latitude. p. 143

Lapins. On ne trouve point de lapins à Bengale & il y a peu de liévres. p. 71

Liberté. Combien les femmes des Gentils sont libres & quel est leur mauvais penchant. p. 108

Ligne équinoctiale. Quelle ceremonie on fait en passant sous la ligne, & qui sont ceux qui ont établi cette ceremonie. p. 10. & 11

Loge. Comment s'appelle la Loge que la Compagnie a à Bengale. p. 64. où cette Loge est située. p. Idem

Longitude. Comment on connoît la longitude. p. 143

L'Orient. C'est un Port de mer où Sa Majesté arme des Vaisseaux, & où la

TABLE

Compagnie arme ceux qu'elle envoye aux Indes. p. 6

Lune. Les Maures & les Gentils content les années par Lunes, au lieu que nous les contons par mois. p. 89

Madagascard. C'est une tres-belle Isle, ce qu'on cüeille, de quelle Religion sont ses Habitans. p. 22. quel circuit peut avoir cette Isle. p. 23. comment s'appelle la Place que nous y avons eüe autrefois, & comment nous l'avons perduë. p. Idem

Madere. C'est une Isle où l'on recüeille de tres-bon vin. p. 9. quelle est la qualité de ce vin. p. Idem

Maison. Il y a trois Maisons Religieuses à Pondichery. p. 46

Marchands. Maxime politique des Marchands du Païs. p. 106

Marchandise. Quelles marchandises tire la Compagnie de son Comptoir d'Ougly, autrement dit Magazin ou Loge. p. 78. de Pondichery. p. 138

Mariage. Comment se contractent les mariages. p. 92. en quel âge les peres & meres marient leurs enfans & à qui. p. Idem. la ceremonie qu'ils font. p. 93. jusqu'à quel âge les peres & meres gardent leurs enfans aprés qu'ils les ont mariez. p. Idem

DES MATIERES.

Marons de mer. Où se trouvent les Marons de mer & comment ils viennent. p. 27.

Marsouins. Les Marsouins sont des poissons bons à manger, quelle est leur grosseur. p. 15.

Martins. Ce sont des oiseaux, quelle est leur qualité. p. 72.

Mascarin autrement dit l'Isle Bourbon. Combien de lieuës de circuit cette Isle peut avoir, sa situation. page 147. du feu continuel qu'il y a dans cette Isle, ce qui entretient ce feu, de combien de lieuës on apperçoit la flâme de ce feu. p. *Idem.* A qui appartient présentement cette Isle. p. 148. Quels animaux on y trouve. De quelle utilité sont les tortuës qu'on y trouve, leurs bontez. p. *Idem.* Où se trouvent ces tortuës. p. 151. combien une tortuë peut vivre. p. 152.

Maures. Les Maures ont des Citadelles, mais elles ne sont pas fortes & n'ont rien qui égale les nôtres. p. 66. quelle loy ils professent. p. 82.

Maxime politique du grand Mogol pour se conserver son Empire. p. 81.

Mers Indiennes. Où elles commencent. p. 21.

Meridiane. Pourquoi on fait la Meridia-

TABLE

ne dans les Indes. p. 135.

Metampsicose. Les Bengalistes croyent en la Metampsicose, ce qui leur est défendu de manger. p. 86. dequoi ils vivent & comment ils apprêtent leur manger. pag. *Idem*

Mistis. Ce qu'on appelle Mistis. p. 110.

Moisson. En quel temps se moissonne le bled, qu'on cüeille les menus grains. p. 77. qu'on a des herbes potageres à Bengale & quelle est leur bonté. p. *Idem*

Moribond. Pourquoi on oblige un Moribond à demander d'être porté au long du Gange. p. 96. ce qu'il devient lors qu'il y est une fois. p. *Idem*

Mosquée. Description d'une Mosquée. p. 32.

Mort. Lors qu'un homme est mort sur un Vaisseau, on le laisse quelque temps exposé, les Chirugiens font ensuite leur visite, & sur leur rapport on jette le cadavre en mer, quelle ceremonie on observe. p. 15

Mortalité. Combien il nous est mort d'hommes sur notre Vaisseau. p. 35. combien il en est mort sur celui qui nous accompagnoit. p. 36. à quoi on a attribué cette maladie. p. *Idem*

Mort de chien. Ce que c'est que ce mal
&

DES MATIERES.

& quel remede on a trouvé pour le guerir. p. 113

Moutarde. Comment vient la moutarde, les Indiens en font de l'huile, à quoy ils s'en servent. p. 69

Moutons. De quelle grosseur sont les moutons du Cap de Bonne-esperance, p. 21. Ceux de Perse & ce qu'ils ont de remarquable. p. 73

Nœud. Le nœud du mariage est souvent le tombeau de l'amour, & la possession d'un objet en est souvent l'écüeil. p 56

Oiseaux de proye. Quels oiseaux de proye on trouve à Bengale. p. 75

Oiseau de Paradis. Ce que cet oiseau a de particulier. p. 72

Opium. D'où vient l'Opium, comment on le cüeille, p. 79 quel commerce il s'en fait dans tout le Levant, p. *Idem*

Ordre. Il faut beaucoup d'ordre sur un Vaisseau, & pourquoy cela est necessaire. p. 139

Ougly est un Gouvernement dépendant du Royaume de Bengale, p. 64

Ouragan. Les ouragans sont des coups de vent qui sont beaucoup à craindre, p 153. il y a des endroits ou ils sont plus frequens que dans d'autres, & où ils sont reglez, p. *Idem*

Pagode. Ce que les Bengalistes appellent

B b

TABLE

pagodes, p. 90

Paillencu. C'est un oiseau dont la chair sent le marécage, quelle est sa grosseur, p. 127

Palme. C'est une Isle où on recüeille de tres-bon vin, quelle est sa qualité, p. 9

Panne. Comment on met en panne un Vaisseau, & pourquoy. p. 128

Patemard. Ce que c'est qu'un Patemard, p. 52.

Peine. A quelles peines une femme est reduite lors quelle refuse de se laisser brûler. p. 95

Pichaud. A quelle heure les pichauds sont plus à craindre & quelle en est la raison, p. 25 ce que c'est qu'un pichaud, de quelle grosseur il enleve de l'eau, p. 24

Plaisir. Il y a quelquefois du plaisir d'accompagner de jolies Dames. p. 30

Perroquets. Combien de sortes de Perroquets on trouve à Bengale, p. 72

Perte notable d'un Vaisseau Anglois, comment cette perte est arrivée, p. 118 autre perte d'un Vaisseau Danois, l'endroit où il s'est perdu, p. 119

Peste. Ce qui garentit Bengale de la peste. p. 75.

Pierre. Il n'y a point de pierres à Bengale, ny à Pondichery, p. 67 de quelle maniere on bâtit dans l'un & dans

DES MATIERES.

l'autre. p. *Idem.*

Pluye. En quels mois de l'année il pleut à Bengale. p. 77

Poisson. Dans l'Isle Bourbon il y a des lacs au dessus des montagnes qui sont remplies d'une quantité innombrablee de poissons. p. 149

Poissons volans. De quelle forme sont les poissons volans, quelle est leur bonté. p. 15. les Bonites leurs donnent la chasse afin de les prendre. p. 16

Politique des Maures. p. 80

Pondichery. Dans quelle hemisphere est Pondichery, sous quel dégré, de la bonté du climat, de la fertilité de ce Païs, p. 41. le nom des fruits qu'on y cüeille, il y a du gibier, de la volaille, & quels sont les animaux qu'on y trouve, p. *Idem.*

Ponte. En quel temps les tortuës de Mascarin font leurs pontes, & qui couve leurs œufs, p. 152

Poudre à tirer. Combien vaut la livre de de poudre à tirer, p. 117

Poules. On trouve à Bengale des poules, dont les ossemens sont noirs, la bonté de ces poules, p. 71. on y trouve du gibier, & de la volaille, leurs noms. p. *Idem.*

Poules sauvages. Où on trouve de ces poules. p. 123

TABLE

Poupoules. C'est un oiseau qu'on trouve en pleine mer, quelle est sa grosseur, p. 155.

Port-Louis. C'est un Port de mer, p. 6

Porto-sancto. C'est une des Isles Espagnolles. p. 9

Prévoyance. La prévoyance est necessaire & sur tout à ceux qui sont chargez de la conduite d'une chose. p. 154

Providence. La Providence n'abandonne point les siens, p. 169

Purification. En quel temps les Gentils se purifient, & pourquoi. p. 87

Rafraîchissement. Comment un Vaisseau se rafraîchit, & comment il fait de l'eau, p. 153

Raque. La raque est une liqueur plus forte que de l'eau de vie, la maniere de la faire, p. 43. sa qualité, ce quelle cause à ceux qui en boivent par excez, p. 44.

Regularité necessaire, p. 141

Remarque, p. 138

Repas. Dans quelque repas que ce soit les Bengalistes ne mangent jamais ensemble, p. 86. comment ils mangent, & surquoy ils servent leur manger, p. *Idem.*

Requins. Sont des gros poissons voraces, p. 14.

DES MATIERES.

Réponse. La Citadelle ou le Fort ne manque jamais à répondre au salut qu'un Vaisseau luy fait en passant. p. 7

Restier. Le restier est un arbre, p. 70. Les Anglois font brûler de sa graine, à quel effet, p. 71

Ris. Comment les Bengalistes font cuire leurs ris, & dans quoy. p. 86

Robins cordonniers. Ce sont des oiseaux qu'on appelle ainsi. p. 147

Ruse. Lors que les forces manquent, il est bon d'avoir recours à la ruse, & nous en avons eu besoin. p. 167

Salut. Un Vaisseau ne sort & n'entre jamais dans une rade ou Port, qu'il ne saluë le Pavillon du Fort ou de la Citadelle, & c'est le Chef d'Escadre qui saluë pour tous les autres. p. 7

Sagore. Ce que c'est que Sagore, pourquoy ce lieu est tres-respecté parmi les Gentils, le nom des bestes feroces qu'on trouve en cette Isle. p. 123

Salpestre. D'où vient le salpestre que la Compagnie tire des Indes. p. 79

Sardines. La maniere de pêcher les sardines, en quelle saison on les pêche, p. 7. dequoy on les apaste. p. *Idem.*

Scorbut. Le scorbut est un mal qui ne se guerit qu'à terre, d'où peut provenir ce mal. p. 28

B b iij

TABLE

Signal. Dequel signal se servent les Vaisseaux de la Compagnie, pour avertir les Pilotes Gauthiers de la rade de Ballasord, pour faire entrer dans le Gange leurs Vaisseaux.   p. 50

Soye sauvage. D'où on tire cette soye sauvage. p. 53. ce que c'est que cette soye sauvage.   p. Idem.

Sonder. Quelle est la maniere de sonder & pourquoy on sonde.   p. 128

Soufleurs. Les soufleurs sont des gros poissons, ce qu'ils ont de particulier, p. 14.

Sujet de chagrin. Dieu souvent prend plaisir à nous troubler lors que nous nous proposons le plus de nous réjoüir, & c'est souvent un moyen par où il veut nous faire entrer en nous-mêmes, reflexion sur ce sujet.   p. 62

Tamachars. Ce sont des réjoüissances que les Gentils font en l'honneur de quelqu'unes de leurs divinitez, comment se font ces réjoüissances. p. 88. à quelle heure.   p. 89

Tarif. C'est une boisson qui sort du cocotier, comment on la fait sortir, & quand elle est bonne à boire.   p. 43

Te Deum. Pourquoy on chante le *Te Deum* aprés qu'on a doublé le Cap de Bonne-Esperance.   p. 21

Beau-temps. En quels mois il fait beau-temps à Bengale. p. 77
Temperament. De quel temperament sont les Indiens. p. 111
Tigres. De combien de differentes sortes de tigres on trouve dans les Indes. p. 123
Tons. Sont des poissons de mer qu'on connoît. p. 14
Topases. Qui sont ceux qu'on appelle topases, d'où on les tire & en quoy la Compagnie s'en sert. p. 45
Tribut. Quel tribut exige la mer. p. 8
Tripigny. C'est le nom d'un Dieu enfermé dans une petite Mosquée, où est situé cette Mosquée. p. 89
Tubereuse. Les tubereuses sont tres-communes dans les Indes & sur tout à Bengale. p. 70
Vaches. Les Gentils venérent tellement les vaches, que c'est un crime parmi eux d'en tuër. p. 73
Veneration. Quelle est la veneration que les Bengalistes ont pour leurs peres. p. 112.
Vie. Description de la vie que mene un Matelot lors qu'il est sur mer. p. 162
Vigne. Depuis quelque temps on a planté à Pondichery de la vigne, combien de fois elle produit chaque année. p. 47. quel goût peut avoir son fruit. p.

B b iiij

TABLE

Idem. Pourquoy la vigne ne peut venir à Bengale quoique ce soit un Païs chaud. p. 70

Voleurs. Il y a beaucoup de voleurs dans les Indes ; mais ils ne tuënt pas, ce qu'on est obligé de faire pour se garentir d'estre volé. p. 121

Virvir. C'est une penitence, pourquoi on appelle cette penitence virvir. p. 100. en quel temps elle se fait. p. *Idem.* comment on prévient l'évanoüissement du penitent. p. 101. comment on le guerit de ses plaies. p. 102. reflexion sur ce sujet. p. *Idem.* qui sont ceux qui font cette penitence & pourquoy ils la font. p. 103

Zone. Sous quelle Zone Pondichery est situé, par quel degré il est & dans quelle hemisphere. p. 40. sous quelle Zone Bengale est aussi situé, par quel degré & dans quelle hemisphere il est. p. 114.

Fin de la Table des matieres du Voyage.

TABLE

DES MATIERES

DE L'INSTRUCTION DU COMMERCE

DES

INDES ORIENTALES.

A*Chats.* Dans les Indes comment se font les grands achats. page 214. que doivent faire ceux qui n'ont que peu d'argent pour acheter des marchandises. p. 215.

Achen. Ce que c'est qu'Achen, p. 210. quel gain on peut faire d'y envoyer des marchandises, & quelles sont celles qu'on doit y porter, p. 241. comment s'habillent les Creols de cette Isle. p. *Idem.* On y porte de l'argent qu'on trafique, combien il y a à gagner, p. 242. quel est le retour des marchandises qu'on y transporte. p. *Idem.*

Affaires. Ce qu'exigent de nous nos pro-

TABLE

pres affaires, p. 239

Anglois. Comment s'appelle le principal Comptoir des Anglois, & qui sont les lieux où sont établis leurs Magazins, p. 222.

Arabes. Les Arabes trafiquent dans les Indes, quel est l'endroit où ils vont faire ordinairement leurs cariasons. p. 252.

Argent. Lors qu'on se propose d'aller dans les Indes, on ne doit porter avec soy que de l'argent non-monnoyé, & quelle est la raison, p. 210. comment s'appelle l'argent monnoyé dont on se sert dans les Indes, p. 254. comment on y fait valoir son argent, p. 238. quel est le moyen le plus seur, & quel est celuy le plus lucratif pour faire valoir son argent, p. *Idem.*

Arméniens. Les armeniens trafiquent aussi dans les Indes, quel est leur trafic & comment ils negocient, n'ayans aucun Comptoir ny Pavillon, p. 232.

Armoisin. Ce que c'est qu'un armoisin, & d'où on tire ces étoffes, p. 234.

Avance. Pourquoi il ne faut faire aucune avance dans les Indes aux ouvriers, p. 216. & 217.

Avancement. La Compagnie Holandoise veut l'avancement de ceux qui sont à

DES MATIERES.

son service, & quelles sont leurs raisons, p. 226. Les Holandois & les Anglois avancent de l'argent à ceux qui sont à leur service, & quelles raisons ils ont. p. 230

Augmentation. En quel temps les marchandises augmentent à Bengale, & pourquoy, p. 233

Avidité. La trop grande avidité est souvent préjudiciable & sur tout à un Marchand, p. 250

Banqueroutiers. Dans les Indes comment on punit les Banqueroutiers, p. 219

Banquiers. Il y a dans les Indes des banquiers qui changent tout l'argent qu'on apporte d'Europe, p. 210. il y en a qui sont préposez pour le petit change, p. 262. quels sont leurs droits. p. *Idem.*

Bazin. D'où on tire les meilleurs bazins, page 265.

Billets. On ne se sert dans les Indes que de billets, p. 217

Bonne foy. Parmi les Marchands Maures, la bonne foy tient lieu de tout. p. 252.

Caffé. D'où vient le caffé & sous quelle peine il est défendu d'en sortir du Païs qu'il ne soit échaudé, p. 245. pourquoi le Grand-Seigneur fait des défenses aussi expresses, p. *Idem.*

Canellier. Ce que c'est que le canellier,

TABLE

p. 223. comment vient la canelle dont on use, p. 224

Cariaison. Dans les Indes il n'est pas difficile de faire la cariaison d'un Vaisseau, & comment elles se font ordinairement, p. 232.

Ceilan. Qui possedent l'Isle de Ceilan & ce que c'est que cette Isle, p. 225

Chaboux. Ce que c'est que le chaboux & comment s'execute cette punition, p. 219.

Chine. Ce qu'on doit porter avec soy lors qu'on se propose d'aller à la Chine, & quel peut estre le gain qu'il y a sur les marchandises qu'on apporte de ce Païs. p. 249. les mesures qu'on doit prendre sur l'achat des marchandises, p. *Idem.* quelles sont les marchandises qu'on tire de la Chine & quelle est leur bonté, p. 250

Chuquelas. D'où on tire les chuquelas, & dequoy sont faites ces étoffes. p. 265

Cobe. Ce que c'est qu'une cobe & ce qu'elle peut contenir, p. 263. combien il faut de cobe pour faire une aulne mesure de Paris, p. 264

Commerce. Quel est le commerce que les Anglois font dans les Indes, & combien de Vaisseaux ils y envoyent tous les ans d'Europe, p. 229

DES MATIERES.

Compagnie. Quelle monnoye la Compagnie fait battre à Pondichery au nom du Roy. p. 257. & 258

Comptoirs. Combien la Compagnie a de Comptoirs generaux dans les Indes, & comment s'appellent ceux qui relevent de chacun d'eux. p. 220. les Anglois & les Holandois ny aucune autre Nation n'ont à Pondichery aucun Comptoir & chacun reciproquement n'en a aucun dans les Comptoirs principaux, p. 222.

Conduite. Où se reduit souvent une personne qui manque de conduite. p. 239

Congé. Chez les Holandois comment on obtient son congé, & qui sont ceux ausquels on l'accorde plus facilement. p. 225.

Contestation. Comment se vuident les contestations ou differends qui peuvent naître entre particuliers. p. 218. & 219

Corail. En quoi les Indiens & les Indiennes se servent de corail, p. 236

Coris. Ce que c'est que des coris, où on les trouve, & qui les indique. p. 245. comment on engage les gens de ces Isles à les indiquer. p. 246. à quoy servent ces petits coquillages, & pourquoy la Compagnie de Guinée en achete de la Compagnie, p. *Idem.*

TABLE

Coste Coromandelle. Quelles sont les marchandises qu'on porte à Bengale à la Côte Coromandelle. p. 247. quel gain il y a à faire sur les marchandises qu'on transporte en cette Coste, p. *Idem.*

Cottonis. D'où on tire les meilleurs cottonis, p. 265

Coupans. Ce que c'est qu'on appelle coupans & combien ces pieces valent de roupies. p. 256. les demis coupans valent à proportion des coupans. p. *Idem.* pourquoi on appelle ces pieces coupans, & quelle est leur forme, p. 257

Courge. Ce que c'est que courge. p. 258.

Courtiers. Il y a dans les Indes des courtiers. 211. en quoy on doit prendre garde à eux, 214. quel est leur droit. p. 217.

Credit. Parmi les Indiens il n'y a point de credit, p. 215

Danois. Quel commerce les Danois font dans les Indes, p. 230. pourquoy ils ont choisi Bengale pour établir leur Comptoir, p. 231

Diamans. Dans quel endroit des Indes on trouve les diamans, p. 267. qui sont ceux qui les trouvent ordinairement & comment ils les vendent aux Européens, p. *Idem.*

Discretion. Pourquoy ceux qui trouvent

DES MATIERES.

les diamans ne se confient qu'à ceux dont ils connoissent la bonne foy & la discretion. p. 267. quelles précautions il faut avoir & quelles mesures il faut garder pour faire mieux par-là sa fortune. p. 268

Echéance. Dans les Indes comment on fait payer un Billet à son écheance, p. 217. comment on contraint un debiteur de payer lors qu'il refuse le payement de son Billet à son écheance. p. 218.

Epiceries. Qui sont ceux des Nations qui possedent le plus d'épiceries dans les Indes. p. 223

Estat. Ce qui contribuë à rendre un Estat florissant, p. 205

Faux-monnoyeurs. Il y a dans les Indes des Faux-monnoyeurs, p. 257

Fidelité. Ce qui releve souvent la fidelité chancelante d'un serviteur. p. 228. on doit se méfier de la fidelité des serviteurs qu'on prend dans les Indes. p. 259.

Fin. Quelle est la fin que je me suis proposée en donnant cette Instruction au Public. p. 263

Force. Quelle est la force des Holandois dans les Indes & combien ils ont de Vaisseaux sur lesquels ils negocient.

TABLE

p. 224. combien tous les ans ils envoyent d'Europe de Vaisseaux, page *Idem.* & chaque année combien ils en font partir d'Europe. p. 225

Fortune. Pourquoy il n'est pas difficile de faire fortune dans les Indes, p. 237

Fruitiers. Dans les Indes où sont établis les fruitiers, p. 261. ce qu'ils vendent. p. *Idem.* pourquoy on a de la peine à trouver de la monnoye chez-eux. p. 262.

Giroflier. Ce que c'est que le giroflier & comment vient le girofle, p. 223.

Gain. Quelle est la cause du grand profit qu'on fait dans les Indes, p. 213.

Grosse. Que doivent faire ceux qui mettent de l'argent à la grosse, & quelles sont les précautions qu'ils doivent prendre pour être moins trompés, pag. 239. Pourquoi il est de la prudence de partialiser l'argent qu'on veut risquer, p. 240.

Holandois. Comment s'appelle le principal Comptoir des Holandois, & quels sont les lieux où ils ont des Magazins, p. 222.

Jamavars. Ce que c'est qu'un Jamavars, & d'où on tire ces Jamavars, p. 234.

Indes. Ce qui rend les Indes opulentes, p. 207. quelle est l'idée qu'on a de ce Païs,

DES MATIERES.
Païs, p. *Idem.* ce qu'on en doit penser, p. 208.

Interest. Dans les Indes quel est le prix courant de l'interest de l'argent qu'on place chez les Banquiers, p. 238

Interessement. L'interest anime souvent un serviteur & le rend plus vigilant. p. 227

Livre. Dans les Indes combien pese d'onces la livre & comment elle s'y appelle, p. 258

Maldives. Ce que sont que les Maldives, dans quelle Zone elles sont situées & sous quel climat elles sont. p. 245. quelles marchandises on y porte & en quoy on en fait le retour, p. *Idem.*

Mans. Ce que c'est qu'un mans & combien il fait poids de Paris, p. 258

Manufacture. Qui est l'endroit des Indes où sont les plus belles & les plus grandes Manufactures, p. 221

Marchands. Dans les Indes il y a des Marchands. p. 211. ce qu'on trouve chez les Marchands, p. 212. quelle est leur facilité pour tirer des marchandises, & comment ils les font venir, p. *Idem.*

Marchandises. Pourquoy on ne doit pas porter dans les Indes des marchandises d'Europe. p. 235. quelles sont cependant celles qu'on y peut porter. p.

C c

TABLE

236. pourquoy les marchandises coutent peu dans les Indes. p. 212. & 213. les marchandises sont à meilleur marché chez les ouvriers que chez les gros Marchands, & pourquoy. p. 216

Maures. Les Maures ont grand nombre de Bâtimens, ce qu'ils en font. p. 251. ils prennent de l'argent à la grosse & ils fretent des marchandises. p. *Idem.* Les Maures ont de la bonne foy. p. 255

Maxime. Quelle est la maxime des Holandois touchant les Equipages de leurs Vaisseaux qui arrivent d'Europe. p. 235. quelle est la maxime qu'on doit garder parmi les Indiens, & quel est le défaut dans lequel les Européens tombent souvent. p. 268

Méfiance. Quelle est la méfiance qu'on doit avoir des Chinois. 250. ce qu'on doit faire pour se garentir de leurs friponeries, p. 252

Mesures. Quelles mesures doivent garder ceux qui se proposent d'aller negocier dans les differens lieux des Indes pour ne point perdre sur l'argent. p. 256.

Monnoye. Dans les Indes de quoy on se sert pour menuë monnoye, ce que c'est que cette menuë monnoye. p. 254. combien il en faut pour faire un sol. p. *Idem.*

DES MATIERES.

Mousselines. Quels sont les differens noms des mousselines. p. 264. sur quoy se regle le prix de chaque piece. p. *Idem.* d'où on tire les plus belles & les meilleures mousselines. p. 266

Negoce. Quelle difference il y a entre le negoce qui se fait aux Indes Orientales & celuy qu'on fait en Europe. p. 211

Negres. Quelle difference il y a entre les Negres & les Indiens. p. 246. & 247

Noyer muscade. Ce que c'est que le noyer qui produit la noix muscade dont on se sert. p. 224. comment vient ce fruit. p. *Idem.*

Or. Dans les Indes, l'or est plus commun que l'argent, & pourquoy. p. 210. d'où on tire l'or. p. *Idem.* L'or des Indes est pâle, quelle en est la raison. p. 257

Papier. Les Indiens se servent presentement de nôtre papier pour écrire, mais cy-devant surquoy ils écrivoient. p. 236. & ceux qui n'ont pas le moyen d'acheter du papier sur quoy ils écrivent. p. *Idem.*

Perles. En quoy on trouve des perles & où se trouvent les meilleures & les plus belles. p. 267

Perses. Quelles sont les marchandises qu'on transporte des Indes en Perse,

C c ij

TABLE

& en quoy on en fait le retour. p. 248.

Place. Comment s'appelle la place principale des Anglois, & comment s'appelle aussi celle des Holandois. p. 222.

Poivrier. Ce que c'est que le poivrier & comment vient le poivre. p. 223.

Politique. Quelle est la politique des Princes Maures afin que l'argent qui entre dans l'Etat n'en sorte point, & ce qu'ils font pour empêcher les particuliers de faire des amas d'argent. p. 255.

Poni. Ce que vaut un poni. p. 254. combien il faut de coris pour faire un poni. p. *Idem.*

Portugais. Quelle étoit autrefois dans les Indes la richesse des Portugais, quel est presentement leur commerce, & combien ils envoyent tous les ans des Vaisseaux d'Europe dans les Indes. p. 231. comment s'appelle la Ville qu'ils possedent encore dans Indes. p. *Idem.*

Poudre d'or. Où se trouve la poudre d'or. p. 211.

Prix. Comment se regle le prix des étoffes qu'on achete dans les Indes. p. 264. quel est le prix de chaque chose chez les Fruitiers qu'on trouve dans les Indes. p. 261.

Prudence. Quelle doit estre la prudence

DES MATIERES.

d'un Marchand. p. 264.

Reflexion. Quelle reflexion doivent faire ceux qui veulent entreprendre le voyage des Indes. p. 208. ce qu'on doit se proposer avant de partir & quels sont les partis qu'il y a à choisir. page 209.

Richesses. D'où les Holandois tirent une grande partie de leurs richesses. page 228.

Ris. D'où vient que le ris vient plus abondamment à Bengale que dans tous les autres endroits des Indes. p. 242

Combien vaut la livre de ris. p. 213.

Riviere. Pourquoy les Achenois gardent soigneusement leur riviere. p. 211.

Roupies. Ce que c'est que des roupies. p. 254. quelle difference il y a entre celles qu'on appelle Sicca, de celles de Madras ou de Surat; & qui sont celles qu'on appelle courantes. p. *Idem.* quel est le prix de chaque roupie. p. 255

Saison. En quelle saison les Vaisseaux doivent partir pour se rendre plus facilement à Achen, & pourquoy on doit choisir cette saison. p. 242

Service. Chez les Holandois combien il faut d'années de service pour avoir la permission de s'en retourner en Europe. p. 225

TABLE

Soucies. Ce que c'est que des soucies & d'où on tire ces étoffes. p. 224

Soye. Dans les Indes où se cüeille la meilleure soye. p. 244. Où se cüeille celle qui est sauvage & pourquoy elle est dure. p. 221.

Surat. Ce que c'est que Surat. p. 265. quelles sont les marchandises qu'on tire de ce lieu. p. 266. en quoy on fait le retour des marchandises qu'on y transporte. p. 245.

Terre rouge. On trouve en Perse de la terre rouge, ce que c'est que cette terre & à quoy elle peut servir. p. 248.

Toile de cotton. D'où on tire les meilleures & les plus belles toiles de cotton, & comment elles s'appellent. p. 265

Trafic. Comment on trafique dans les Iles de l'Amerique. p. 211

Valeur. Pourquoy il semble qu'il soit necessaire qu'il y ait des choses de differente valeur. p. 207

Veau. Dans les Indes comment on achete un veau. p. 261

Vent alisée. Ce que c'est qu'un vent alisée. p. 243. quel danger il y a de s'y opposer. p. Idem.

Vente. Sur quoy se regle la bonne vente des marchandises qu'on transporte à Achen. p. 243. combien il faut de

DES MATIERES.

temps pour arriver à Achen lors qu'on a un vent favorable, & pourquoy ces voyages ne sont pas fatigans. p. 244
Vin. Pourquoy le vin est cher dans les Indes. p. 259. pourquoy on peut porter du vin dans les Indes. p. 235. ce que vaut le vin qu'on tire de Perse. p. 248. ce que c'est que du vin Grec & de la bonne ponse. p. 262
Visite. Pourquoy il est necessaire de visiter les marchandises. p. 214.

Fin de la Table de l'Instruction.

Fautes d'impression.

A la page 23. à la quatrième *ligne*, *lisez*, *introduits au lieu d'introis*, à la page 44. à la [...] *Dangereux aux Européens*, à la p. 99. à la [...] *lis. des coris au lieu du coris*, à la p. 146. l. [...] *forcer de voiles au lieu de former de voiles*, à la p. 196. à la *l. iij. dont il fut beaucoup tourmenté*, à la p. 219. à la *l.* [...] *autant qu'ils y en envoyent d'Europe*, à la p. 265. à la *l.* 11. *lis. chuquelas au lieu de chaquelas*, à la p. 299. à la *l.* 5. *lis. mais il ne faut porter*.

www.ingramcontent.com/pod-product-compliance
Lightning Source LLC
Chambersburg PA
CBHW071315150426
43191CB00007B/635